우리집 강아지 심리백과

THE DOG BEHAVIOR ANSWER BOOK
by Arden Moore

Copyrights ⓒ 2006 by Arden Moore. All rights reserved.
Originally published in USA by Storey Publishing, LLC.
Korean translation edition ⓒ 2008 Sallim Publishing Co.
Korean translation rights arranged with Storey Publishing, LLC.,
and Sallim Publishing Co. Seoul through and PLS Agency.

이 책의 한국어판 저작권은 PLS(PLS Agency)를 통한
Storey Publishing, LLC.와의 독점 계약으로 한국어 판권을 '(주)살림출판사' 가 소유합니다.
신저작권법에 의해 한국 내에서 보호를 받는 저작물이므로 무단전재와 무단복제를 금합니다.

우리집 강아지 심리백과

애완동물 행동 전문가 아덴 무어가 전하는 **77가지 애견 심리!**

아덴 무어 지음 | **김혜진** 옮김

살림Life

지금 알고 있는 걸 그때도 알았더라면

　돌려 말하진 않겠다. 아내 제니(Jenny)와 나는 애견의 주인으로 무엇을 어떻게 해야 하는지를 전혀 몰랐다. 처음부터 우리는 개의 종류, 성격, 특질을 조사하지도 않고 강아지를 골랐다. 종류는 보려고 하지도 않았다. 기질보다는 외향적 조건이 중요했다. 우리는 결국 노란색 귀여운 래브라도 리트리버(Labrador retriever) 새끼와 첫눈에 사랑에 빠졌고 그 강아지는 에너지를 주체하지 못하는 45kg의 거대한 개로 성장했다. 우리는 그 개를 말리라고 이름 지었는데 그를 통제하지 못한 채 13년이 흘렀다.

　나는 반은 농담으로 말리를 '세상에서 가장 나쁜 개'라고 불렀다. 여러 가지 상황에서 그것은 사실이었다. 말리는 방충망을 밀치고 나갔고, 석고 벽을 파냈고, 가구를 갉았고, 보석을 삼켰고, 식탁 위의 음식을 먹었고, 쓰레기를 뒤졌다. 또 목줄을 당기거나 욕조의 물을 마셨다. 손님을 향해 장난스럽게 돌진하여 흙이 묻은 발로 뛰어올라 얼굴에 뽀뽀를 해대거나, 코를 킁킁거리며 다리 사이에 얼굴을 파묻고 냄새를 맡았으며, 공중에 침을 흘렸다. 아무리 개를 사랑하는 사람이라도 그런 일을 좋아하지는 않으리라.

그러나 지금 내가 깨달은 것은 말리가 세상에서 가장 나쁜 개가 아니라 단지 훈련을 가장 못 받은 개였다는 사실이다. 제니와 나는 민주적인 분위기의 집을 만들려고 했고 말리는 곧 자신이 하고 싶은 대로 할 수 있다는 것을 알게 되었다. 명령을 들으라고? 절대 싫어! 말리는 명령이라는 개념을 이해하지 못했다.

우리에게 그때 이 책 『우리집 강아지 심리백과』가 있었다면 분명 큰 도움을 받았을 것이다. 저자인 아덴이 전해준 전문가적 지식을 통해 말리가 나쁜 행동을 저지르는 이유를 이해하고 행동을 변화시키거나 최소한 줄이는 전략을 세울 수 있었을 것이다. 주인에게 좌절과 괴로움이 아닌 기쁨과 즐거움을 주는 애완동물로 키우기 위한 첫 번째 단계는 전문가의 믿을 수 있는 조언을 얻는 것이다. 하지만 다시 생각해보면, 내가 만일 아덴의 현명한 조언에 따랐더라면 말리는 너무 착했을 것이고 나 자신이 개에 대한 책을 쓰겠다는 생각은 절대로 하지 않았을 것이다. 확실히 나쁜 개에 대한 책을 읽는 것은 재미있다. 그러나 모든 애완동물의 주인은 착한 개를 원하며 또 그럴 권리가 있다. 아덴과 한 팀의 동물 행동 전문가들은 당신에게 방법을 제시해 줄 것이다.

— 존 그로건(John Grogan)
『말리와 나 Marley & Me』의 저자

머리말

우리집 강아지를 이해하는 77가지 열쇠

　귀여운 외모로 모든 것을 해결할 수 있다면 얼마나 좋을까. 많은 사람들이 처음에 특정한 강아지나 개에게 끌리는 것은 뭐니 뭐니 해도 외모 때문이다. "펄럭이는 귀가 정말 귀엽지 않아?", "그 사랑스러운 얼굴에 대고 안 된다고 어떻게 말할 수 있겠어?"

　불행하게도 어떤 개는 강아지에서 개로 자랐을 때 귀엽다기보다는 도전적이고, 재미있다기보다는 무섭고, 온순하다기보다는 자기 마음대로 한다. 사람과 애견 사이에 드리웠던 달콤한 신혼의 꿈은 순식간에 끝나고 문제를 해결할 단계가 시작된다. 당신의 개가 당신을 혼란스럽게 한다. 그 녀석은 왜 테니스공을 계속 쫓아다닐까? 왜 데이트 상대의 엉덩이에 코를 대고 킁킁거릴까? 왜 전화를 하고 있을 때 계속 짖어댈까? 당신은 가죽 신발, 정원의 아끼는 장미나무, 그리고 거실의 플러시 카펫을 지키고 싶을 것이다.

당신은 요술지팡이를 휘둘러서라도 개와 함께 의미 있는 대화를 나누고 싶다. 왜 개가 자기 잠자리를 실컷 구겨놓고 다른 곳에서 자는지 알고 싶다. 어떻게 하면 그 녀석이 목줄을 당기는 것을 막을지, 잠잘 때 당신의 베개를 훔치지 못하게 할지를 배우고 싶다.

그것이 바로 내가 이 책을 쓴 이유다. 이 책은 개가 어떻게 사고하는지에 대한 해설서다. 이 책이 요크셔테리어 무리 속 한 마리 그레이트데인(Great Dane)처럼 눈에 띄는 이유는 개와 좋은 관계를 맺고 싶어 하는 애견인의 실제 질문에 답하기 때문이다. 지난 몇 년 동안 나는 텔레비전과 라디오 애완동물 프로그램에 출연했을 때, 개 이벤트(가장 좋았던 것은 미국에서 가장 반항적인 개를 찾는 대회의 심사위원으로 참가했을 때였다)에 참여하거나 강연을 할 때, 그리고 예전에 「프리벤션*Prevention*」지의 애완동물 정기 기고가로서 활동할 때 사람들이 했던 질문을 모았다. 내 직업을 안 순간부터 사람들은 질문을 쏟아낸다. "왜 우리 개는……? 우리 개가 ……하는 것을 어떻게 멈추게 할 수 있나요? 우리 개가 ……하려면 어떻게 가르치는 게 가장 좋을까요?" 나는 공원, 서점, 결혼식, 심지어는 공중 화장실에서도 질문을 받는다.

좌절한 개 주인에게 내가 해답을 제시하는 것을 여러 번 본 친구는 나를 부를 때 농담 삼아 닥터 두리틀을 줄여 닥터 두라고 부른다. 물론 나는 의사가 아니다. 텔레비전에서도 의사 행세를 하지 않는다. 그러나 수의학과 애완동물 행동 분야의 최고 전문가들과 함께 일한 애완동물 전문가이며 실용적인 해답을 찾아 이것을 생활에 적용하는 데 최선을 다하고 있다.

　나는 당신을 이 책 속으로 초대하고 싶다. 당신은 때로 고개를 끄덕이고 어쩌면 머릿속을 스쳐가는 한 줄기 빛을 느낄지도 모른다. 전설적인 닥터 두리틀은 동물과 대화했지만, 나는 당신에게 직접 말하겠다. 파이팅!

— 아덴 무어(Arden Moore)

CONTENTS

추천사 · 4
머리말 · 7

1 개의 본성

1. 엘리트 개 VS 나머지 공부가 필요한 개 · 17
2. 내가 집에 올 때를 아는 로코 · 21
3. 정신과 의사 진저 · 25
4. 부끄럼쟁이 사이러스 · 27
5. 강아지는 위험해 · 30
6. 복수는 라스칼의 힘 · 34
7. 그레타는 두더지? · 36
8. 케이시는 뒤꿈치를 좋아해 · 39
9. 웨슬리, 어디까지 갔니? · 42
10. 탈옥의 명수 툰드라 · 46
11. 못 말리는 신발 도둑 숏치 · 48
12. 버나비의 꿈 · 50

2 개의 언어

13. 시끄러운 수다쟁이 · 55
14. 네 마음을 알려줘 · 57
15. 친구가 되고 싶어 · 58
16. 정말 내 말을 알아듣는 거니? · 60
17. 핥는 것이 좋아 · 62

18. 위험한 인사 · 65
19. 부탁이야, 쉿 · 67
20. 낑낑거리는 습관 · 72
21. 발가락이 까다로워 · 74
22. 물리면 아프다고! · 77
23. 듣지 못해도 괜찮아 · 79

3 개의 행동

24. 집배원은 싫어! · 85
25. 나만의 인사법 · 88
26. 워터보이 · 91
27. 오아시스 변기 · 93
28. 냄새의 취향 · 95
29. 고양이 변기의 습격자 · 97
30. 세상에서 공놀이가 제일 좋아 · 100
31. 육식의 종말? · 103
32. 폭풍우 공포증 · 105
33. 점프! 점프! · 111
34. 공포의 계단 · 112
35. 전화 테러리스트 · 114
36. 흙투성이 보물 · 116
37. TV 중독 · 118
38. 정말 너무 창피해 · 120
39. 내 꼬리 내놔 · 123
40. 플라스틱 러브 · 125
41. 아무데서나 잘 수 없어 · 127

CONTENTS

4 습관의 힘

42. 훈련 수업에 집중하기 · 131
43. 말괄량이 길들이기 · 135
44. 제발, 이리 왜 · 140
45. 소파홀릭 · 144
46. 유혹 무시하기 · 146
47. 개집 물려주기 · 149
48. 으르렁거리는 습관 고치기 · 153
49. 우아한 산책 · 155
50. 넌 지치지도 않니? · 161
51. 대소변 가리기 · 164
52. 음식 구걸 중단하기 · 167
53. 추격에 브레이크 걸기 · 170

5 공존의 법칙

54. 친구 만들기 · 175
55. 개를 키우고 싶어 하는 아이들 · 178
56. 아이를 개에게 소개하는 법 · 183
57. 좁은 장소에서 큰 개 키우기 · 188
58. 내 남자친구를 싫어하는 개 · 191
59. 애견 보육 센터 고르는 방법 · 194
60. 남자친구를 부탁해 · 197
61. 베개 싸움 · 199
62. 내꺼야, 내꺼야, 다 내꺼야 · 201
63. 드라이브를 좋아하는 개 · 205

64. 개와 함께 식당에서 밥 먹기 · 210
65. 멍멍이를 위한 패션 · 213
66. 간접흡연의 위험성 · 216
67. 개를 위한 마사지 · 218
68. 지겨운 산책 시간 즐겁게 만들기 · 221

6 변화와 이별에 대처하는 법

69. 낯선 곳으로의 이사 · 227
70. 서로 맞지 않을 때 · 230
71. 치매 현상 · 233
72. 은퇴할 시간 · 237
73. 행복한 노년 · 239
74. 슬픔을 표현하는 방법 · 244
75. 지상에서의 마지막 인사 · 247
76. 이별 그 후 · 249
77. 이별에 대한 예의 · 251

Chapter 1

개의 본성

개가 왜 그런 행동을 하는지
개의 감각과 감정 그리고 직감에 대해 배운다.
개의 지능, 강아지의 사랑 감정, 종류에 따른
개의 습성 등 개에 대한 흥미로운 사실을 파헤친다.

엘리트 개 VS 나머지 공부가 필요한 개

01

우리 집 강아지 아인슈타인은 똑똑하다는 보더 콜리(Border collie)다. 아직은 아인슈타인이 훈련에 보이는 반응에 만족하지만 그 녀석이 얼마나 똑똑한지 궁금하다. 개의 지능도 측정할 수 있을까?

만약 개들만 다니는 학교가 있다면 아인슈타인은 자기 이름답게 졸업생 대표가 될 것이다. 푸들(Poodle), 저먼 셰퍼드(German shepherd), 골든 리트리버(Golden retriever)도 우등생이다. 방과 후 나머지 공부가 필요한 할 개들은 아프간 하운드(Afghan hound), 바센지(Basenji), 불독(Bulldog) 등이다. 위 개들의 주인들이 내게 항의하기 전에 명심할 것은 더 똑똑하고 덜 똑똑한 개들은 어떤 종류에나 있다는 것이다.

개들은 우리와 다른 방식으로 생각하기 때문에 지능을 측정하는 일은 어렵다. 개들은 멘사의 회원으로 가입하거나 퍼즐을 풀기 위해 신문을 가져가지 않는다. 그들은 저마다 특정한 임무를 위해 창조되었다. 당신의 보더 콜리는 가축을 모는 면에서는 재패니즈 친(Japanese chin)보다 뛰어나다. 그러나 토끼 냄새를 맡는 것이라면 주저 없이 비글(Beagle)에 돈을 걸겠다. 비글의 코는 하운드 종 사이에서도 단연 최고다.

인내심을 갖고 가르치기만 하면 거의 모든 개들은 다양한 종류의 복종 지시를 배운다. 어떤 개들은 놀랄 만큼 다양한 행동을 습득한다. 맹인안내견은 개의 뇌가 어떻게 활동하는지 보여주는 놀라운 예다. 잘 훈련된 개는 주인에게 해가 될 수도 있는 상황과 마주치면 '지능적으로 불복종' 한다. 예를 들면 구덩이 앞에서는 주인의 요구에도 불구하고 앞으로 움직이지 않는다.

개의 지능을 측정하는 확실한 방법은 개 훈련사, 견종 교배 전문가, 동물 행동 학자들이 계속 연구하고 있는 분야다. 이 분야의 개척자 중 한 명은 캐나다의 심리학자이자 뛰어난 개 훈련사인 스탠리 코렌 박사다. 『개의 지능The Intelligence of Dogs』에서 코렌 박사는 133종의 개를 똑똑한 순서대로 나열하는 동시에 모든 종에는 다양성과 예외가 있다는 것을 강조했다. 그는 지능 IQ 테스트도 고안했다.

10위 안에 드는 똑똑한 개들은 다섯 번 이내의 반복으로 새로운 명령을 습득하고 이미 배운 명령을 처음 시도했을 때 95%는 해낸다. 보더 콜리가 이 엘리트들의 선두를 이끌며 그 뒤를 푸들, 저먼 셰퍼드, 골든 리트리버, 도베르만 핀셔(Doberman pinschers), 셔틀랜드 시프독(Shetland sheepdog), 래브라도 리트리버, 파피용(Papillon), 로트와일러(Rottweiler), 그리고 오스트레일리안 캐틀 독(Austrailian cattle dog)이 뒤따른다.

최하위부터 10위까지 개들이 새로운 명령을 이해하려면 최대 100번의 반복이 필요하고 이미 알고 있는 명령을 처음 시도했을 때 25% 정도만 그것을 따른다. 그들이 '앉아' 라는 단어를 안다고 해도 엉덩이를 땅에 붙이기까지 그 단어를 네다섯 번 정도는 들어야 한다. 이 명단은 논쟁의 여지가 있지만 시츄(Shih tzu), 바셋 하운드(Basset hound), 마스티프(Mastiff), 비글, 페키니즈(Pekingese), 블러드하운드(Bloodhound), 보르조이(Borzoi), 차우 차우(Chow chow), 불독, 바센지, 아프간하운드 등이 포함된다.

당신의 개가 얼마나 똑똑한지 알아볼 수 있는 몇 가지 재미있는 방법이 있다.

수건 테스트

개가 드러누워 있을 때 머리에 큰 수건을 씌운 후 벗는 시간이 얼마나 걸리는지 측정한다. 똑똑한 개들은 15초 내에 해내지만 지능이 떨어지는 개들은 30초가 넘게 걸린다.

양동이 테스트

세 개의 양동이를 뒤집어 놓는다. 크기가 중요하지는 않지만 플라스틱 같이 가벼운 것이 좋다. 개에게 좋아하는 간식이나 장난감을 보여주고 그것을 세 양동이 중 하나에 숨긴다. 몇 초 동안 개의 주의를 다른 곳으로 돌렸다가 숨긴 것을 찾게 한다. 똑똑한 개는 간식이 있는 양동이를 향해 곧장 돌진하지만 좀 부족한 개는 간식을 찾기 전에 다른 두 개의 양동이를 넘어뜨린다.

개 목줄 테스트

오전이나 오후 중 평소에 산책을 하지 않는 시간대를 고른다. 아무 말도 하지 않고 개가 볼 수 있게 개 목줄과 집 열쇠를 집어 든다. 똑똑한 개는 줄과 열쇠를 산책과 연관시켜 나갈 수 있다는 생각에 흥분한다. 덜 똑똑한 개는 그것을 연결시키지 못하고 "우리 산책 하러 갈까?"라는 말을 듣고서야 기쁨에 날뛴다. 물론 무기력한 개는 산책 하는 것 자체를 좋아하지 않을 수도 있다!

TIP

HZ(헤르츠)는 소리의 주파수 또는 초당 사이클을 측정하는 단위다. 사람들은 63Hz에서 23,000Hz 주파수 내에 있는 소리를 듣는다. 개들은 67Hz에서 45,000Hz 사이의 소리를 듣지만 고양이보다는 청력이 떨어진다. 고양이들은 45Hz에서 64,000Hz 사이의 소리도 들을 수 있어 집 안에서 쥐가 움직이는 소리를 듣는 데 선수이다.

개 IQ 테스트에는 한계가 있다. 결과적으로 개들이 아닌 사람이 주관적 평가를 하기 때문이다. 그러므로 우리가 멍청하다고 생각하는 개라도 다른 개의 눈에는 무리의 우두머리로 보일 수 있다. 중요한 것은 당신의 개가 주는 사랑이 뇌세포 숫자보다 더 가치 있다는 것이다.

02 내가 집에 올 때를 아는 로코

세 살이 된 오스트레일리안 셰퍼드(Australian shepherd) 로코는 초능력이나 독심술이 있는 것 같다. 항상 같은 시간에 집에 오는 것도 아닌데 매일 내가 집에 도착하기 전에 거실 창문 앞에서 나를 기다린다. 정말 내가 오는 것을 아는 걸까?

당신의 개는 축복받은 초감각의 개다. 확실히 어떤 개는 초감각적 힘을 지니고 있는 듯 보인다. 하지만 지진이 오기 전에 감지하거나, 멀리 떨어진 곳에서 집을 찾거나, 간질 발작을 일으키려는 사람에게 경고를 하는 등 개의 능력에 관한 미스터리는 아직 풀어야 할 것이 많다.

이 주제는 전 세계 과학자들의 주목을 끌었는데 그 중 한 사람이 영국의 캠브리지 대학교의 생화학과 세포생물학 연구소의 전 소장이자『주인이 집에 올 때를 아는 개들과 설명할 수 없는 동물들의 힘*Dogs That Know When Their Owners Are Coming Home and Other Unexplained Powers of Animals*』의 저자인 루퍼트 셀드레이크 박사다.

셸드레이크 박사는 어떤 개가 주인이 언제 도착할지 정확하게 예측하는 것은 텔레파시의 일종이라고 말한다. 그는 이것을 '형태 공명 이론'이라고 부른다. 그는 많은 개들과 주인들의 도움을 받아 자신의 이론을 실험했다.

'제이티 이야기'는 로코가 어떻게 당신의 생각을 읽는지 설명해준다. 영국 맨체스터의 잡종견인 제이티는 주인이 언제 집으로 돌아올지 정확하게 예상하고 대문 앞에서 기다리곤 했다. 셸드레이크 박사의 팀원들은 직장을 떠나 집으로 돌아오는 주인과 그의 집안에 각각 카메라 한 대 씩을 설치했다. 돌아오는 길은 무작위로 골랐고 서로 다른 시간과 교통수단을 이용했는데 제이티가 자리를 잡고 주인을 기다린 확률은 85%였다.

셸드레이크 박사는 다양한 개들에 대한 몇 백 건의 비슷한 데이터를 모았지만 주인의 의식, 지능 수준, 나이, 훈련 수준과의 정확한 상관관계를 찾을 수 없었다. 그러나 애완견과 주인 사이에는 오늘날 과학으로도 이해할 수 없는 강한 유대감이 있는 것만은 확실하다.

설명이야 어떻든 로코는 당신을 동료이자 친구로 여긴다. 당신에 대한 그의 사랑이 영원한데 시간을 알려줄 시계가 왜 필요하겠는가?

개과천선_ 지니 이야기

로트와일러 새끼 지니는 태어난 지 3주 만에 어미와 떨어져 5주 동안이나 다른 강아지들과 헛간에서 생활해온 탓에 사람, 이상한 물체, 친숙하지 않은 소리, 그리고 갑작스런 움직임 등을 두려워했다. 신디와 그레이스는 지니에게 사회적 능력과 자신감을 길러주고 싶었다. 그들은 새로운 광경과 소리를 지니에게 천천히 알려주어야 한다는 것을 알았다. 급하게 새로운 경험을 맛보게 하는 것은 오히려 부작용을 일으켜 완전한 공포증을 부를 수도 있었다.

그들은 현관 베란다에 조용히 몇 시간 씩 앉아 있는 것으로 시작했다. 사람이나 개가 지나갈 때마다 맛있는 간식을 주었다. 결국 지니는 구석에서 움츠리고 있는 것을 멈추고 간식을 먹기 시작했다. 지니가 베란다에서 평온함을 느끼고 긴장을 풀었을 때 그들은 나이 많은 개들을 옆에 두고 같이 산책했다.

지니를 두렵게 하는 물체에 대해 신디와 그레이스는 개 버전의 헨젤과 그레텔 놀이를 했다. 예를 들어 쓰레기통을 무서워하면 쓰레기통까지 작은 간식을 늘어놓았다. 처음에 지니는 가장 멀리 있는 간식만 조심스럽게 먹었지만 나중에는 쓰레기통 가까이 있는 것까지 먹을 정도로 용감해졌다. 지니는 쓰레기통이 자신을 해치지 않는다는 것을 서서히 깨달았다.

지니는 다른 개들과는 잘 놀았지만 사람은 극도로 두려워했다. 사회성을 길러 사람을 믿게 하기 위해 '강아지를 옮겨라' 라는 게임을 했다. 게임에서 사람들은 원을 만들고 한 명씩 강아지를 넘겨주며 쓰다듬고 말을 한다. 이 게임은 지니에게 정신적 충격을 줄 수도

있었기 때문에 조금 다르게 했다. 지니가 용기를 내어 스스로 사람에게 다가왔을 때 눈을 마주치거나 만지려고 하지 않고 간식을 바닥에 놓았다. 곧 지니는 사람들과 가까워지기 시작했다.

다음 단계로 의자에 앉아 손바닥에 간식을 놓고 지니에게 단지 손만 뻗었다. 지니가 코를 손바닥에 대면 '안녕' 이라고 말했다. 앉아 있는 사람보다 더 험악해 보이는 서 있는 사람도 사실은 친절하다는 것을 지니는 조금씩 깨달았다.

우리는 네 단계에 걸쳐 지니를 훈련시켰다. 새로운 상황은 아직도 조심스럽지만 자신감이 생겼다. 나이 많은 개들이 죽고 난 후 신디와 그레이스는 다른 강아지를 입양했는데 지니가 새로 온 강아지의 선생님 역할을 하는 것을 보니 기분이 좋았다. 어린 강아지가 끈기 있고 조심스러운 훈련을 통해 두려움을 극복한 것이다.

정신과 의사 진저

03

작년은 힘든 한 해였다. 어머니가 돌아가셨고, 이혼을 했고, 새 직장을 얻어 다른 주로 이사했다. 많이 울고 우울한 날들이었지만 파피용 종인 진저가 내 곁에 있었다. 진저에게 내 문제를 말하면 경청하는 자세로 앉아 발로 내 팔을 부드럽게 만지기도 한다. 그때마다 기분이 나아진다. 개는 주인의 기분을 알고 아픈 마음을 달래도록 도와주는가?

당신의 털북숭이 치료사 진저는 확실히 당신 기분을 이해한다. 당신이 행복하거나 슬플 때 자신에게 가장 많은 애정을 준다는 것도 안다. 정신분석학의 아버지 지그문트 프로이트가 개가 사람에게 주는 치료적 가치를 강조했을 때부터 정신건강 전문가들은 괴로워하는 사람에게 개가 위안이 된다는 것을 알았다.

우리의 애완견은 우울을 날려버리고, 슬픔을 기쁨으로 바꾸고, 자신감을 회복시키는 능력이 있는 것만 같다. 그들은 우리를 안심시킨다. 방해나 판단 없이 심리학자처럼 이야기를 듣는다.

애견이 훌륭한 치료사인 이유는 무조건적인 공감, 긍정적 존중, 진실성을 보이기 때문이다. 개는 제 멋대로 판단하지 않는 훌륭한 청취자다. 우리가 문제를 말하고 화를 가라앉힐 시간을 주어 고민을 줄이고 혈압을 낮춘다. 이런 무조건적인 인정으로 개는 정신적, 신체적 질병이 있는 사람부터 혼자 사는 사람, 집 밖에서 운동할 필요가 있는 사람 등 모든 종류의 사람과 교감한다.

진저와 비슷한 개들은 많다. 역사적으로 유명하든 악명이 높든 가리지 않고 누구에게나 상담 상대와 정서적 지지자가 되었다. 스코틀랜드의 메리 여왕이 영국의 포트링헤이 성에 감금됐을 때 신부와 시녀 한 명을 빼놓고는 인간과 접촉할 수 없었지만 테리어 게돈만은 곁에 있었다. 교수대로 가면서도 그녀는 게돈을 긴 치마 밑에 숨겨 끝까지 함께 하려고 했다.

제2차 세계대전 동안 드와이트 아이젠하워 장군은 스코티시 테리어인 케이카를 북아프리카 순방에 데려갔다. 아내 메이미에게 보내는 편지에서 이야기 할 수 있고 화제를 전쟁으로 돌리지 않는 유일한 벗은 케이카뿐이라고 썼다.

일상 문제를 해결하는 데에는 개 친구가 제일이다. 피곤하고 우울한 상태로 집에 돌아왔을 때 자신이 제일 좋아하는 장난감을 입에 물고 꼬리를 흔들며 나를 맞는 치퍼를 보면 나 또한 기분이 금방 풀린다.

부끄럼쟁이 사이러스

최근 사이러스라는 이름의 그레이하운드(Greyhound)를 구출해냈다. 사육자는 사이러스와 다른 그레이하운드들을 세상에서 격리시켜 굶도록 내버려두었다. 사이러스는 불안해하고 복종적이며 쓰다듬으려 하면 몸을 움츠리거나 슬금슬금 도망친다. 부끄러움을 없애고 자신감을 되찾아주려면 어떻게 해야 할까?

사이러스는 오랜 시간 동안 작은 세상에서 살았기 때문에 많은 것을 배워야 한다. 아직도 불행한 어린 시절에서 전환하는 과정에 있고 당신의 집이 영원한 사랑을 줄 곳이라는 것을 모른다. 새로운 삶에 적응할 때까지 관대하게 대하는 것이 중요하다. 내가 치퍼를 입양했을 때 한 살이 약간 넘은 나이였지만 이미 세 곳의 동물 보호소와 한 곳의 허스키 구조 캠프를 거쳤기에 대부분의 개가 당연하게 여기는 물건과 활동을 경험하지 못했다. 치퍼는 집에서 불안한 모습으로 오갔다. 목줄에 묶여서도 옆으로 걸으며 숨을 곳을 찾는 것 같았다. 내가 큰 소리로 말하면 드러누워 배를 내놓고 움츠러들었다. 치퍼의 실제 성격이 나올 때까지 복종 훈련 수업과 매일 똑같은 일과를 6개월 동안 계속했다. 요즘 그 녀석은 행복한 장난꾸러기가 되어 자동차 타는 것과 새 친구 만나는 것을 좋아한다.

사이러스에게도 똑같은 변화가 일어날 수 있다. 단 시간이 필요하다. 복종적인 개는 흔히 몸을 움츠리고 눈을 마주치는 것을 피하며 자기 자신을 더 작게 보이도록 행동한다. 극단적인 경우에는 다리 사이로 꼬리를 내리고 배를 내놓기도 한다. 이런 행동은 당신을 더 높은 서열로 간주하고 도전하지 않겠다는 뜻이다.

우선은 사이러스를 무서운 상황에 놓지 않는 것으로 시작한다. 천천히 움직이고 당신이 일관된 행동을 할 것이라는 믿음을 준다. 반복된 일상생활을 하고 그것을 지킨다. 벽에 등을 기댈 수 있도록 구석에 안전한 곳을 마련해주거나 큰 상자를 준비한다. 사이러스가 용기를 내어 다가오면 만지기 위해 급히 움직이지 않는다. 먼저 행동할 때까지 기다린다. 천천히 손을 내밀어 냄새를 맡을 수 있도록 하고 부드럽게 쓰다듬는다. 머리 위를 쓰다듬는 것은 피한다. 손이 머리 위로 올라오면 위협을 느낄 수 있기 때문이다. 목소리 톤도 중요하다. 부드럽고 명랑하거나 따뜻한 톤으로 말한다. 소리를 지르거나 엄격하게 말하는 것은 두려움을 불러일으키기 때문에 절대로 하면 안 된다.

식사시간은 부끄러움을 날려버리고 서로의 관계를 굳게 할 수 있는 특별한 시간이다. 음식과 간식은 손으로 준다. 뒷걸음치면 다시 돌아올 때까지 기다린다. 무서워하면 좀 떨어진 곳에 먹이를 놓는다. 다가오면 다시 손으로 먹이를 준다.

또 규칙적인 운동은 긴장을 푸는 데 도움이 될 뿐 아니라 서로의 관계를 더욱 발전시킨다. 처음에는 집 근처에서 짧게 산책한다. 사이러스는 차츰 풍경, 소리, 냄새의 데이터베이스를 축적할 것이다. 만약 자동차나 다른 소리가 놀랄 정도로 크면 빨리 지나친다. 산책을 할 때는 즐겁고 자신감 있는 목소리로 말한다.

집 안이나 울타리가 있는 뒤뜰에서 자신감을 높이는 활동도 좋은 방법이다. 재주를 가르치거나 칭찬과 함께 먹이를 상으로 준다. 개들은 소리에 민감하기 때문에 청소기나 식기세척기 같은 가전제품은 평범하게 다루고 소동을 벌이지 않는다. 계속해서 친절하고 부드럽게 대하면 사이러스는 몇 주 내에 마음을 열고 가족을 믿을 것이며 진짜 성격을 보여줄 것이다.

이때가 되면 기초적인 개 복종 훈련 수업에 참여시켜 통제된 상황에서 다른 개들과 함께 있을 기회를 준다. 집 안팎에서 새로운 사람들을 만나 부끄러움을 없애는 노력을 할 수도 있다. 방문하는 친구들에게 사이러스와 정면으로 눈을 마주치지 말고 조용히 앉으라고 부탁한다. 사이러스가 호기심을 갖는 동안 친구들이 먹이를 주어 방문자를 긍정적으로 생각하게 한다. 여유를 갖고 다음 단계로 넘어가면 사이러스는 자신감 넘치는 행복한 개가 될 것이다.

강아지는 위험해

05

남편과 나는 10주된 강아지를 입양하려 한다. 우리는 집과 강아지가 서로에게 안전하길 원한다. 새로운 가족을 맞이하기 위해 어떤 준비를 해야 할까?

새 가족이 도착하기 전에 집을 지키려고 마음먹은 당신은 현명하다. 강아지들은 에너지가 넘치고 호기심이 많다. 그들이 생애 처음 몇 달 동안 탐험을 하는 주된 방법은 주변을 살펴보는 것이다. 강아지들은 쉽게 말썽을 피우고 당신이 알아차리기 전에 집안의 물건을 부수고 삼킨다.

말 그대로 몸을 낮춘다. 강아지가 돌아다닐 각 방에 낮은 자세로 앉아 해로운 물건들을 찾는다. 전기코드, 전화코드, 바닥이나 그 주변에 있는 화초, 창문 블라인드와 커튼에 달린 끈, 작은 깔개, 쓰레기통, 저장 용기. 바닥 근처에 있는 것 중 강아지 입에 들어갈 만큼 작거나 쓰러뜨릴 정도로 가벼운 것이 있는지 살피고 이가 나고 있는 강아지가 흥미를 보일 재질인가 생각한다. 신발, 장난감, 책, 잡지 같이 널려 있는 물건부터 접근하기 때문에 바닥에 어질러진 물건을 줍는 습관을 들인다. 주변에 강아지가 있으면 잘 어지르는 아이들에게 물건을 정리하는 습관을 붙일 수도 있다!

만약 강아지를 부엌이나 화장실에도 들일 생각이라면 바닥 근처에 있는 수납장 문이 잠겨 있는지 확인한다. 청소 제품과 다른 독성 물질은 높은 곳으로 옮긴다. 매달려 있는 샤워커튼은 강아지 공격에 무사하지 못할 것이다. 강아지 혼자 화장실에서 지낸다면 샤워커튼이 욕조 안으로 들어가 있는지 확인한다.

강아지는 거의 모든 곳에서 말썽을 일으킨다. 처음에는 집 안 두세 곳에만 들어가게 한다. 강아지가 들어가는 방의 수가 적을수록 당신의 할 일도 적어진다. 물어뜯는 단계를 넘어서고 집에 적응하면 집 전체에서 놀게 할 수 있다. 강아지는 그럴 자격이 있다! 개는 평소에 집 전체를 돌아다녀도 식구가 없을 때는 부엌, 현관, 거실 등 한 곳에서만 지낸다. 그러나 개가 어디에 있건 얌전히 굴어야 더 깊고 만족스러운 관계를 맺으니 출입 제한을 해결책으로 의지하지 않는 것이 좋다.

잠재적 문제를 찾기 위해 집안을 살펴본 후 밖으로 나가 다시 한 번 강아지의 입장에서 뒤뜰을 점검한다. 한 번 더 몸을 낮춰 강아지 높이에서 살핀다. 정원도구나 장난감처럼 강아지가 씹고 삼킬 수 있는 작은 물건이 있는지 찾는다. 특히 울타리에 주의를 기울여 강아지가 나갈 수 있는 부서진 곳이나 구멍이 있는지 살핀다.

강아지는 씹는 것을 좋아한다. 정원 식물은 세상을 탐험하는 어린 강아지를 유혹한다. 뜰에 있는 식물 중 해로운 것이 있는지 주의한다. 미국 동물학대 방지 학회와 동물 독약 통제 센터의 홈페이지(www.aspca.org)에 가서 개에게 이롭거나 해로운 식물 명단을 볼 것을 권한다. 해로운 식물은 다른 곳으로 옮기거나 철망 같이 튼튼한 울타리를 쳐 놓는다.

말썽 피우는 강아지는 당신이 알기도 전에 정원을 판다. 뜰에 모래나 부드러운 흙으로 덮인 곳이 있으면 철망을 큰 돌로 눌러 놓아 강아지가 땅을 파지 않도록 한다. 땅 파는 것은 버리기 힘든 버릇이기 때문에 아예 시작하지 않는 것이 가장 좋다. 그렇지 않으면 당신의 아름다운 정원이 달 표면처럼 변할 것이다.

강아지의 안전을 위해 정원에서 사용하는 살충제나 화학비료를 버리고 더 안전하고 자연적인 방법을 사용한다. 특히 달팽이와 민달팽이를 죽이기 위해 사용하는 독성 미끼는 치명적이다. 만약 당신이 차고에 있을 때 강아지가 같이 있다면 주변을 자세히 살핀다. 차고에는 애완동물에게 나쁜 유해화학물질들이 많다. 특히 냉각수를 주의하고 독성 없는 브랜드를 찾는다. 차고 안에 두는 연장, 천 조각, 자동차 부품 등은 위험물이다. 강아지가 닿을 수 없는 곳으로 치운다.

집 주변을 살피는 것과 동시에 강아지를 열심히 지켜봐야 한다. 안전은 물론 사회성을 위해서다. 강아지와 함께 있는 시간에 재미있는 훈련과 게임을 해서 예절을 가르치고 넘치는 에너지를 분출시킨다.

TIP

시간과 노력이 들지만 강아지로부터 집을 지키는 일이 긴급수술을 위해 동물병원에 데리고 가는 것보다 훨씬 쉽다. 게다가 정신적, 금전적으로도 이익이다. 수의사들은 모든 연령의 개들 뱃속에서 바늘이 꽂혀 있는 바늘방석, 고무공, 돌, 양말, 속옷, 리본, 부러진 뼈와 같은 온갖 종류의 물건을 꺼낸다.

허락 없이 물건을 삼켜 수술대 위에 오른 개들은 대개 회복하지만 소화 불가능한 물체를 삼키면 내장이 막혀 죽을 수도 있다. 구토를 하거나, 배가 팽창하거나, 배설물이 변하거나, 침을 지나치게 많이 흘리면 즉시 동물병원에 데려간다.

06

복수는 라스칼의 힘

10살 된 비숑 프리제(Bichon frise) 라스칼은 가끔 집안에 실례를 해놓는다. 눈을 내리깔고 꼬리를 내려 죄책감을 느끼는 것처럼 행동하지만 내가 오래 집을 비우는 것에 대해 복수한다는 생각이 들 때도 있다. 정말 그런 걸까?

많은 주인들은 애완동물을 가족의 일원으로 생각해 개의 행동을 자신의 감정과 연결한다. 개들은 죄책감을 느끼지 않는다. 그들은 우리의 신체 언어나 목소리 톤에 대응하며 우리의 감정을 읽고 대응하는 법을 배운다.

라스칼의 머릿속은 간단하다. 인간과 달리 '내가 실례를 했고 다섯 시간 후에 엄마가 집에 와서 그것을 보면 치워야 하기 때문에 화를 낼 거야'라는 복잡한 생각은 하지 못한다. 실례를 하면 당신이 집에 와서 화를 낸다는 것이 라스칼이 아는 전부다. 원인과 결과 개념을 모르기 때문에 집안에 실례를 하지 '않았다면' 당신이 화를 내지 '않을' 것이라는 것을 깨닫지 못한다.

잘못했다는 것을 모르는데 왜 죄책감을 느끼는 것처럼 보일까? 개는 주인이 화가 났을 때 종종 복종하는 행동으로 충돌을 없애려 한다. 늑대 무리에서 하위 서열은 싸움을 피하기 위해 더 높은 서열에게 복종한다. 라스칼은 무리의 리더인 당신이 화가 났다고 느끼거나 화를 낼 거라고 예상할 때 꼬리를 내리고 머리를 숙여 자신이 당신에게 복종한다고 알린다. 복종적 행동에는 자세를 움츠리거나 귀를 내리고 눈을 깔고 꼬리를 내리는 것 등이 있다. 개 무리의 리더는 이 행동을 인정하고 넘어갈 것이다. 그러나 사람은 이런 '죄의식' 표현을 보았을 때 화를 내는 경향이 있어 개는 더 움츠려든다.

TIP
하얀 솜사탕 같은 '비숑 프리제'라는 이름은 '곱슬머리 작은 개'라는 프랑스어에서 나왔다.

물음에 대한 답은 '아니오'다. 복수는 고도의 두뇌를 지닌 인간만이 가지는 감정이다. 복수한다는 개념을 이해할 만한 정신적 능력이나 복잡한 감정이 개에게는 없다.

라스칼의 사고는 긴 시간 소변을 참지 못한 결과로 일어났을 가능성이 크다. 요로 감염이나 다른 질병 때문에 소변을 오래 참기 어려울 수도 있다. 나이가 든 개들은 종종 실금 증상이 있고 증상 해결을 위한 약물이 필요할 수도 있다. 라스칼을 수의사에게 데려가고 너무 오랫동안 혼자 내버려 두지 않는다. 오래 집을 비워야 하는 날에는 이웃이나 애견 도우미에게 부탁해 볼일을 해결할 수 있도록 뒤뜰에 내보내도록 한다.

그레타는 두더지?

저먼 셰퍼드 잡종 그레타는 땅에 구멍을 파 정원을 망친다. 뜰은 완전히 광산 같다. 어떻게 해야 할지 모르겠다. 남편이 메우면 다시 판다. 그레타는 왜 땅을 파는 데 집착하는 걸까? 멈추게 하려면 어떻게 해야 할까?

많은 개가 부드러운 흙이나 모래 파는 것을 좋아한다. 당신은 그레타가 땅을 팔 때 얼마나 즐거워하는지 알 것이다. 야생에서 늑대나 다른 개과 동물은 새끼를 위해 보금자리를 만들고 식량을 숨기기 위해 땅을 판다. 뼈다귀나 장난감을 묻거나 여름 더위를 피해 쉴 곳을 찾느라 시원한 곳을 골라 파는 많은 애완견에게도 이런 본능은 강하게 남아 있다. 어떤 개는 에너지를 쓰고 지루함을 풀기 위해 땅을 판다. 불행하게도 땅 파는 일이 개에겐 해롭지 않지만 주인에겐 화나는 일이고 결국 개는 벌을 받는다.

땅 파는 문제를 해결하기 위해서는 그 이유를 이해해야 한다. 그레타 혼자 뒤뜰에서 많은 시간을 보내는가? 자주 놀아주는가? 정기적으로 운동을 시키는가? 저먼 셰퍼드와 래브라도 리트리버는 모두 에너지가 넘치는 종류다. 힘을 빼려면 재미있고 정신적인 자극이 되는 활동이 필요하다. 실컷 놀아주지 않으면 그레타는 당신이 싫어하는 일에서 재미를 찾을 것이다.

정원을 보호하는 한 가지 방법은 그레타가 파기 좋아하는 곳 위에 큰 돌을 올려놓는 것이다. 더 넓은 지역에는 철망을 깔고 근처에 고춧가루, 시트로넬라, 박하 기름을 뿌린다. 정기적으로 발톱을 손질해주면 땅 파는 성향까지 없애지는 못하지만 피해를 줄일 수는 있다.

아직 훈련을 받지 않았다면 복종 훈련 수업에 데리고 간다. 대부분의 개는 몰두할 무언가가 필요하며 넘치는 에너지뿐만 아니라 일에 대한 강한 집념이 있다. 복종 훈련을 받은 그레타는 당신과 더 친밀해질 것이다. 시간이 있다면 공 던지기와 같이 민첩성을 기르면서도 재미있는 운동을 한다. 넘치는 에너지를 적절히 다루는 것이 중요하다. 직장 때문에 뜰에 내놓아야 한다면 아침에 긴 산책을 다녀오거나 공 던지기 게임을 한다. 큰 뼈다귀나 딱딱한 고무 장난감을 주어 낮 시간에 땅을 파지 않고 놀게 한다. 애견 도우미나 이웃에게 도움을 요청할 수도 있다. 그레타의 몸을 지치게 하는 것은 지루함과 땅 파는 본능을 막는 데 큰 역할을 할 것이다.

마음대로 놀 수 있는 공간을 줄 수도 있다. 플라스틱으로 된 어린이용 풀장을 흙으로 채우고 그 속에 몇 개의 개 비스킷을 넣어 냄새를 맡고 찾게 한다. 정원을 파는 것을 발견하면 손뼉을 치거나 발을 굴러 땅 파는 것을 멈추고 당신을 보게 한다. 그리고 파도 되는 장소를 가리킨다. 간식을 찾아낸 것을 칭찬하면 그레타는 뒤뜰의 다른 공간은 무시할 것이다.

08
케이시는 뒤꿈치를 좋아해

두 살짜리 셔틀랜드 시프독 케이시는 한 가지만 빼면 훌륭한 개다. 아이들이 뒤뜰에서 뛰어놀고 있을 때 쫓아가 아이들의 뒤꿈치를 물곤 한다. 아이들의 옷을 찢은 적도 있다. 아이들이 다칠까봐 걱정된다. 케이시는 왜 이러는 걸까? 멈추게 할 방법은 없을까?

셔틀랜드 시프독은 목축견이다. 목축견은 털이 덥수룩한 올드 잉글리시 시프독(Old English sheepdog)에서 다리가 짧은 코기(Corgi)까지 크기가 다양하다. 우리 집 늙은 코기 재즈는 우리 집 고양이들이 개문을 통해 뒤뜰로 나가면 한 곳으로 몰아넣는 것을 좋아했다. 재즈는 짜증 난 고양이들을 문 쪽으로 다시 보내놓고 자기가 한 일을 나에게 보여주기 위해 짖곤 했다.

케이시는 조상에게 물려받은 것을 실행한 것이다. 셔틀랜드 시프독은 고향인 스코틀랜드 해안가에 위치한 셔틀랜드 아일랜드에서 가축을 몰도록 교배되었다. 농부를 도와 여러 들판으로, 시골길을 따라 시장으로 다니며 양들을 잘 몰아가기 위해 뒤꿈치를 물었다. 케이시는 양 대신 당신의 아이들을 무는 것이다. 빠르고 종잡을 수 없이 움직이는 아이들은 양치기 개의 본능을 일깨운다.

가축을 모는 기질은 억누르기 불가능하지는 않더라도 매우 어렵다. 몇 백 년 동안에 걸친 교배의 결과가 행동으로 나타난 것이기 때문이다. 한 가지 방법은 주의를 딴 곳으로 돌리는 것이다. 아이들이 놀기 시작하면 케이시에게 공 던지기 놀이를 시킨다. 날뛰는 아이들을 모는 것을 그만 두고 뜰에서 공을 쫓거나 빈 플라스틱 병을 몰 것이다. 물론 이것은 당신이 감시하고 있을 때만 효과가 있다.

아이들이 노는 동안 개와 놀아줄 시간이 없다면 아이들이 밖에서 노는 동안 케이시를 집 안에 둔다. 그러나 케이시도 재미있는 놀이에 동참하고 싶어 문 앞에서 짖으며 구슬프게 울 수도 있다. 이것이 버릇으로 굳어지면 안 된다.

아이들에 대한 관심을 없애려면 복종 훈련을 한다. 유인책을 거부하면 아이들이 노는 것을 보거나 소리를 들을 수 없는 방에 있게 한다. 개집 훈련이 되어 있다면 개집을 사용할 수 있는 좋은 기회다. 케이시를 개집에 넣고 간식을 준 다음 아이들이 좀 더 조용하게 놀 때까지 그곳에 있게 한다. 그러나 케이시에게도 놀 기회를 충분히 주어야 한다. 케이시는 에너지 넘치는 어린 개다. 뒤뜰처럼 울타리로 둘러싸인 공간에서 매일 5분에서 10분 동안 안전한 물건을 주고 모는 연습을 시키는 것도 좋다.

방법이야 어떻든 중요한 것은 케이시가 아이들의 뒤꿈치를 무는 행동을 멈추게 하는 것이다. 아이들을 다치게 하려는 의도가 아니더라도 케이시의 행동이 당신의 아이나 친구들을 다치게 할 수 있기 때문이다.

웨슬리, 어디까지 갔니?

비글인 웨슬리는 하이킹을 가서 목줄만 벗기면 땅에 코를 박고 멀리까지 가버린다. 목이 터져라 불러도 소용없다. 웨슬리가 차에 치이거나 길을 잃어버릴까봐 걱정된다. 왜 이런 행동을 할까?

사람들은 몇 백 년 동안 여우, 토끼, 다람쥐 등 작은 동물을 사냥할 때 하운드 종을 이용했다. 모든 하운드 종처럼 비글도 냄새를 따라 사냥감을 쫓도록 교배되었다. 웨슬리의 후각은 당신보다 10,000배 정도 뛰어나다. 흐린 냄새도 감지하는 뛰어난 능력을 타고난 데다 사냥감을 쫓기 위해 몇 백 년 동안 교배되었기 때문에 작은 동물을 찾아서 잡는 일에 완전히 집중해버린다. 당신이 아무리 목이 터져라 웨슬리를 외쳐도 말이다.

산책을 데리고 나갈 때 표준적인 2m 줄 대신 8m 빨랫줄을 이용한다. 줄이 나무나 다른 물체에 엉키지 않도록 넓게 트인 장소를 고른다. 간식을 챙기고 2m 떨어진 곳부터 시작한다. 냄새를 맡으며 돌아다닐 때까지 기다린 후 '이리 와'라고 명령을 한다. 반응을 보이고 돌아오면 칭찬을 많이 해주고 간식을 준 후 다시 가도록 놔둔다. 반응을 보이지 않으면 줄을 당겨 오게 한 후 간식은 주지 않는다. 이 때 주의할 할 점은 소리를 지르지 말아야 한다는 것이다. 2m 간격에서 말을 잘 듣고 돌아오면 줄을 조금 더 풀어 같은 연습을 반복한다. 말을 듣지 않으면 줄을 짧게 하여 다시 시작한다.

TIP

아메리칸 폭스하운드(American foxhound)의 역사는 1650년으로 거슬러 올라가는데 미국에서 가장 오래된 개다.

당신이 '이리 와'라고 불렀을 때 자신이 하던 일을 계속할 수 없다는 걸 웨슬리가 깨달으면 줄이 없어도 돌아올 것이다. 그러나 비글은 추적자의 본능이 강하기 때문에 야생에서는 명령을 따르지 않을 수도 있다. 하이킹을 할 때는 안전을 위해 목줄을 묶어 놓는다. 또 개목걸이에 달린 이름표의 정보가 정확한지 확인한다. 그렇지 않으면 냄새를 맡고 동물을 쫓아가다가 숲에서 길을 잃을 지도 모른다. 집을 찾아오는 개 이야기도 있지만 후각이 강하게 발달했다 하더라도 대부분 개는 집까지 찾아오지 못한다.

개과천선_ 실버 이야기

9개월 된 오스트레일리안 셰퍼드 실버가 갑자기 뛰어올라 집에 놀러왔던 주인의 친구를 물었다. 내성적인 강아지였던 실버는 성장하면서 낯선 사람을 보면 지배성향과 두려움에서 나오는 공격성을 보였다. 어린 강아지가 청소년기로 접어들 때가 되면 가족의 서열과 자신의 독립성을 확립하는 과정에서 문제행동을 보이거나 두려움이 강해지기도 한다.

실버가 공격적인 성향을 보이는 이유 중 하나는 주인이 충분한 리더십을 보이지 못했기 때문이다. 오스트레일리안 셰퍼드는 소심한 청소년 같은 반응을 보이기도 하는데 주인이 한계를 정하고 자기통제를 가르쳐 주지 못한 경우는 특히 더 그렇다. 별다른 분노의 표현 없이 사람을 무는 것은 그 정도의 자신감은 있다는 뜻이다. 실버가 처음 보는 사람을 공격한 것은 주인을 보호하기 위한 행동이다.

낯선 사람에 대한 실버의 행동을 바꾸는 것과 다시 물지 않게 하는 것이 중요했다. 위험한 것은 둘째 치고라도 실버는 공격을 승리라고 생각해 부적절한 행동을 반복했다. 산책을 할 때는 고삐가 달린 개목걸이를 씌워 주인 명령에 따르게 했다. 다른 사람들 사이에 있을 때는 바구니 모양의 입마개를 사용했다. 입마개를 쓰는 것을 잘 받아들이게 하려고 안에 간식을 넣었다. 실버는 입마개 하는 것을 별로 여기지 않았고 주인 부부인 베키와 할도 안심하고 공공장소에 데려갔다.

주인의 변화도 실버의 태도에 변화를 주었다. 주인의 지위를 높이기 위해 '인생에 공짜는 없다' 작전을 시작했다. 실버는 기본적인 복종 명령에 따라 식사, 놀이, 애정을 얻어야

했다. 이 훈련으로 실버는 주인 부부를 자신이 보호할 대상이 아닌 자신을 이끄는 리더라고 여기게 되었다.

  부부는 실버의 운동 시간을 늘렸다. 복종 훈련, 민첩성 기르기 훈련, 그리고 가축 몰기 수업에 참여해 지능을 사용하고, 자신감을 높이고, 주인에게 빠르고 적절하게 반응하는 능력을 높였다. 지나친 민감함을 없애고 낯선 사람이 위험하지 않다는 것을 가르쳤다. 베키는 실버가 부지런한 것을 알았기 때문에 할 일을 주어 낯선 사람을 쫓아내는 대신 자신에게 집중하게 했다. 실버는 다른 개가 되었다.

탈옥의 명수 툰드라

6살 시베리안 허스키(Siberian husky) 툰드라는 항상 뜰에서 도망친다. 수단과 방법을 가리지 않고 탈출 방법을 찾는다. 동물보호소에서 찾아오는 것도 지쳤다. 왜 도망갈까? 우리 집에서 살기 싫다는 뜻일까?

툰드라는 고집 센 탈옥의 명수 같다. 하지만 함께 살기 싫어서 탈출하는 것은 아니다. 혼자 있을 때 놀 거리를 찾는 것이다. 시베리안 허스키라는 사실도 성격에 한 몫 한다. 허스키는 썰매를 끌며 먼 거리를 여행하는 동안 독립적으로 판단하도록 교배되었다. 툰드라가 뒤뜰을 벗어나려는 것은 여행과 독립심을 추구하는 선천적 욕망 때문이다.

 탈출을 막는 몇 가지 방법이 있다. 우선 툰드라를 중성화시킨다. 수캐들은 한창 때의 암컷을 찾기 위해 할 수 있는 모든 것을 하는 것으로 악명 높다. 툰드라가 아직도 중성화 수술을 받지 않았다면 이것이 문제의 가장 큰 원인일 수 있다. 중성화시키고 호르몬의

격렬한 분비가 가라앉을 때까지 가둬둔다.

당신이 집에 없을 때만 탈출한다면 심심하거나 외롭거나 둘 다이기 때문이다. 긴 시간 동안 툰드라를 혼자 있게 하기 전에 지칠 정도로 힘든 운동을 시킨다. 던지기 놀이를 활발하게 하거나 함께 조깅을 하면 에너지가 소모되어 탈출 가능성은 줄어든다. 신체 운동과 더불어 정신을 자극하는 게임도 툰드라의 짜증 수준을 낮출 것이다. 혼자 놀 수 있도록 씹는 장난감이나 음식 퍼즐 장난감을 몇 개 주고 흥미를 유지시키기 위해 자주 바꾼다.

친구를 찾으려고 탈출하는 것인지도 모른다. 허스키는 원래 무리를 이루어 사는 동물이다. 단체로 일하고 집단에서 활동하도록 교배되었다. 고독을 덜어주면 친구를 찾으러 나가는 행동이 줄어들 것이다. 뜰이 넓고 재정적 능력이 충분하면 툰드라와 잘 맞는 두 번째 개를 얻는 것도 좋다.

떠도는 성격은 훈련으로 완화시킬 수 있다. 훈련은 서로의 유대감을 강화시키고 툰드라는 당신을 무리의 리더로 여길 것이다. 툰드라가 당신에게 정서적으로 더 깊은 관계를 느끼면 집을 떠날 가능성은 훨씬 줄어든다. 탈출 시도를 막기 위해 뜰은 더 단단히 지키는 것이 좋다. 울타리 위쪽에 철망을 안쪽으로 90° 기울여 설치해 막아 놓으면 탈출은 거의 불가능하다.

못 말리는 신발 도둑 숏치

11

세 살 난 닥스훈트(Dachshund) 숏치는 내가 집에 없을 때 신발을 물어뜯는다. 조금이라도 문이 열려 있으면 코로 문을 열어 신발을 끌고 나와 망가뜨린다. 왜 숏치는 신발에 집착할까? 나쁘고 돈까지 많이 드는 이 버릇을 어떻게 고칠 수 있을까?

    숏치가 좋아하는 신발은 가죽일 것이다. 많은 개가 가죽의 냄새와 촉감에 열광하며 물어뜯을 때의 느낌과 맛을 좋아한다. 숏치가 어릴 때부터 낡은 신발을 물었다면 신발은 여전히 숏치에게 물어뜯어야 할 대상이다. 개는 자신이 찾은 주인의 소유물로 외로움과 분리 불안에 대처한다. 숏치는 당신이 없는 사이 당신과 같은 냄새가 나며 자신을 안심시키는 물건을 찾는다. 그것이 비록 냄새나는 신발이라도!

    당신의 첫 번째 임무는 숏치를 유혹하지 않는 것이다. 문이 자동으로 닫히는 경첩을 신발장에 설치하거나 아예 문을 잠근다. 신발을 개가 닿지 않는 곳에 놓거나 주머니가 여러 개 달린 신발걸이에 넣어둔다. 그리고 숏치에게는 다른 것을 준다. 가죽으로 만든 장난감도 좋다. 집을 떠나기 전 숏치에게 장난감을 주고 그것을 물어뜯기 시작하면 충분히 칭찬한다. 흥미를 보이지 않으면 장난감에 땅콩버터나 치즈를 약간 묻혀 유인할 수도 있다.

숏치가 당신의 신발을 물어뜯는 것을 보면 신발을 뺏고 장난감을 준다. 시간이 지나면 신발은 안 되고 장난감은 된다는 것을 깨달을 것이다. 숏치가 가죽을 좋아하지 않으면 다른 장난감을 시도한다. 애완용품점에 데리고 가 어떤 장난감에 흥미를 보이는지 살핀 후 그것을 사용한다. 아마 스스로 선택한 장난감으로 재훈련에 능동적으로 참여할 것이다.

버나비의 꿈

6살 래브라도 리트리버 버나비를 보면 재미있다. 코를 고는가 하면 앞으로 뻗은 발을 움직이고 온몸을 씰룩거린다. 어떤 때는 깽깽 울거나 끙끙거리는데 눈은 계속 감고 있다. 개도 꿈을 꿀까? 만약 꾼다면 무슨 꿈을 꿀까?

    개는 잠이 많다. 하루에 적어도 12시간은 자고 불면증에 시달리지도 않는다. 모든 개가 코를 골진 않지만 자면서도 발을 씰룩거리고 소리를 내는 일은 흔하다. 어떤 개는 토끼를 잡을 때 성큼성큼 달리는 것처럼 다리를 움직인다. 버나비를 자세히 살펴보면 눈꺼풀과 수염을 씰룩거릴 것이다. 깊은 잠을 자는 단계에 빠졌다는 뜻이다. 그러나 깊고 오래 자지는 않는다. 대부분 가벼운 잠을 자며 주변 상황을 경계한다.

    수면 전문가들은 개도 꿈을 꾼다고 하는데 꿈의 주제는 미스터리다. 공원에 가거나, 가장 좋아하는 간식을 먹거나, 재빨리 달아나는 다람쥐를 잡는 꿈을 꾼다고 생각할 수밖에 없다. 어떤 과학자들은 냄새에 대한 꿈을 꿀 거라고 추측한다. 인간은 주로 시각을 사용하기 때문에 시각적인 꿈을 꾸지만 개는 후각을 더 많이 사용하기 때문에 후각적인 꿈을 꾼다는 것이다. 개의 꿈에 대해 알려면 시간이 더 걸리겠지만 개의 뇌는 많은 부분이 냄새와 연관되어 있으므로 개의 꿈은 자신이 좋아하는 냄새로 가득 차 있을 것이다.

Chapter 2

개의 언어

개와 사람은 긴 세월을 함께 해왔지만
소통까지 함께 해왔던 것은 아니다.
개가 짖는 소리를 연구하고 개의 신체언어를 배워
개와 소통하는 능력을 길러본다.

시끄러운 수다쟁이

우리 개는 수다스러운 미니어처 슈나우저(Miniature schnauzer)다. 여러 가지 소리로 짖고 끙끙거리며 노래까지 한다! 어떻게 해야 개가 하는 말을 더 잘 알아들을 수 있을까?

미니어처 슈나우저는 가장 수다스러운 종류 중 하나다. 집에 있는 쥐나 해충을 쫓아내거나 작은 동물을 사냥할 때 주인에게 큰 소리로 알리도록 교배되었다. 개는 주로 몸으로 표현하지만 소리도 다양하다. 짖을 때는 반드시 이유가 있다. 단지 심심한 것을 드러내는 것일지라도 말이다. 높이, 속도, 전체적인 톤에 따라 일정한 뜻이 있다. 몇 가지 개의 언어를 살펴보자.

- 높은 소리로 길게 짖을 때 – 걱정스러워, 외로워, 확신이 필요해
- 빠르고 높게 반복해서 짖을 때 – 놀아줘! 쫓아와! 공이라도 던져줘!

- 낮게 반복적으로 짖을 때 – 내 가족으로부터 떨어져! 우리 집에서 나가!
- 한 번이나 두 번 짖을 때 – 나 여기 있어, 뭐 하니?
- 이를 내놓고 으르렁거리며 몸을 앞으로 기울일 때 – 비켜! 날 내버려 둬!
- 낮은 자세로 으르렁거릴 때 – 가까이 다가오면 물어버릴 거야
- 노래하는 것처럼 긴 소리로 짖을 때 – 어이, 거기 누구 있어? 무슨 일이야?
- 반복해 짖거나 끙끙거릴 때 – 다쳤어, 무서워, 스트레스가 심해, 보살펴 줘.

네 마음을 알려줘

두 살 난 골든 리트리버와 던지기 놀이를 할 때 내가 공을 잡으려 하면 작게 으르렁댄다. 앞발을 쭉 내민 녀석은 나를 옆으로 쳐다보며 입을 벌리고 웃는 것처럼 보인다. 으르렁거리는 소리는 놀자는 걸까? 도전하는 걸까?

개는 당신과 노는 것을 확실히 기뻐하고 있다. '놀면서 낮추기' 자세를 취하고 있는 것이다. 입을 벌리고 으르렁거리는 건 공놀이를 계속하자는 애정 어린 신호다. 개는 당신을 좋은 친구로 생각한다. 놀이 시간은 의사소통을 개선하고 예절을 연습하는 소중한 기회다. 개가 놀고 싶어 하면 이 기회를 이용해 '앉아, 기다려, 내려놔' 등 기본적인 행동을 가르친다. 공을 받기 전에 명령을 내린다. 놀이를 먼저 끝내는 것도 당신이다. 이것은 리더로서 주인의 위치를 강화한다.

TIP

새로운 개를 뭐라고 부를지 고민인가? 그렇다면 너무 어렵게 생각하지 말고, 당신이 즐겁게 말할 수 있는 단어, 주로 당신이 좋아하는 것과 관계있는 단어를 골라라. 개의 성격과 이름을 연결시키는 것도 좋다.

무엇보다 개가 자신의 이름을 긍정적인 경험과 연관 짓도록 하는 것이 좋다. 땅을 파거나 짖는 행동을 저지하려고 할 때만 부르지 말고, 함께 놀고, 밥을 먹이고, 다정하게 껴안을 때 이름을 불러라.

친구가 되고 싶어

허스키 잡종인 제시는 새로운 개를 만나면 항상 같은 자세를 취한다. 척추의 털이 곤두서고, 새로 온 개를 향해 조용히 걸어간다. 엉덩이 부분의 냄새를 맡고 머리를 그 개의 등에 올린다. 잠시 으르렁거릴 때도 있지만 곧 서로 어울려 물그릇의 물을 같이 먹는다. 제시는 공격적이지 않지만 상대방 개 주인에게 이것이 '제시의 방법'이라고 설명해야 한다. 이런 행동은 정상인가?

    개의 신체 언어는 매우 발달했다. 코에서 꼬리까지 몸의 모든 부분을 이해한다. 우리가 단어를 조합해 말을 하듯 개는 두세 개 몸짓을 섞어 의사소통을 한다. 처음 만나는 개들은 재빨리 상대편을 평가한다. 서로 냄새를 맡고 쳐다보면 몇 초 안에 서로의 성별, 건강 상태, 서열의 위치를 파악한다. 서열이 높은 개가 낮은 개의 등에 머리를 올린다. 서로 평가하는 동안에는 잠시 침묵이 흐르지만 곧 이해하고 서로를 인정한다. 때로 으르렁거리거나 싸움이 일어날 때도 있고 심할 때는 난투극을 벌이기도 한다.

    친구끼리 인사할 때는 이런 행동을 하지 않는다. 친한 개들은 서로 냄새를 맡고 앞발을 맞대거나 장난삼아 목을 물기도 한다. 그러나 긴장하고 경계하는 개는 입을 꽉 다문다. 새로운 개를 만날 때는 통제하는 것이 좋다. 제시는 공격적이지 않을 수도 있지만 공원에서 새로운 개를 만날 때는 가까이에서 조심스럽게 지켜본다. 혹시라도 싸움이 나면 말릴 수 있을 정도로 가까이 있어야 한다.

정말 내 말을 알아듣는 거니?

찰리는 종종 내 말을 이해하는 것처럼 고개를 갸우뚱거린다. 말을 알아듣는 걸까? 단지 목소리 톤을 듣는 걸까?

개는 단어가 아니라 목소리 톤으로 칭찬과 꾸중을 구분한다. 찰리에게 이런 실험을 해본다. 근육을 긴장시키고 낮은 목소리로 책을 읽는다. 신문이나 전화번호부라도 상관없다. "화를 내는 건 알겠는데 이유를 모르겠어"라고 말하는 듯 웅크리고 도망갈 것이다. 다음엔 근육을 풀고 바닥에 앉아 활발하고 노래하는 듯 읽는다. 입을 벌리고 꼬리를 흔들며 다가와 키스를 퍼부을 것이다.

개는 같은 말이라도 톤이 바뀌면 다른 반응을 보인다. 물론 '이리 와', '앉아' 등 특정한 단어나 구절은 알아듣는다. 한 행동을 가르칠 때 같은 단어로 말했기 때문이다. 간식과 칭찬을 이용하면 멋진 재주를 가르칠 수 있다. 친구들이 집에 왔을 때 신문의 스포츠 면만 가져오게 해서 찰리를 자랑하고 싶다면 쉬운 일이다.

신문의 여러 섹션들을 순서대로 바닥에 놓는다. 연예, 레저, 스포츠, 특집 등의 순서로 놓고 찰리가 집중하게 한다. 스포츠 면에 작은 간식을 놓는다. "스포츠 면을 찾아"라고 말하면서 스포츠 면을 가리킨다. 간식을 먹기 위해 찰리의 코가 스포츠 면에 닿으면 "스포츠 면"이라고 말하고 칭찬한다. 며칠 이것을 반복하면서 점차 간식을 주지 않고 계속해서 "스포츠 면을 찾아"라고 말한다. 찰리가 스포츠 면을 건드리면 간식을 준다. 시간이 지나면 찰리는 신문 섹션의 순서를 외울 것이고 항상 세 번째에 놓인 스포츠 면을 가져올 것이다. 찰리는 당신 친구들에게 최고의 인기를 모을 것이다.

핥는 것이 좋아

내가 키우는 골든 리트리버를 정말 사랑하지만 이 녀석은 애정 표현이 너무 과하다. 계속해서 내 얼굴, 손, 심지어는 발가락까지 핥는다. 그 녀석이 있으면 목욕할 필요가 없을 정도다. 핥는 것을 그만두게 하면서도 내가 고마워하는 것을 알릴 수 있을까?

나는 이런 개들을 '핥기쟁이'라고 부른다. 당신이 개의 열광적인 사랑을 꺾지 않으려고 조심스러워하는 것을 보니 기쁘다. 걱정하지 않아도 된다. 애정을 표현하는 다른 방법을 가르칠 수 있다.

개는 본능적으로 행동한다. 어릴 때는 먹이를 달라고 어미의 턱과 얼굴을 계속해서 핥는다. 강아지는 빨리 자라기 때문에 항상 배고프다! 많은 전문가들은 이 행동을 과거에서 찾는다. 늑대 암컷들은 사냥감을 죽여 보금자리로 돌아가기 전에 그 자리에서 전부 먹었다. 무거운 고기를 끌고 가는 것보다 부른 배를 이끌고 가는 것이 더 쉬웠기 때문이다. 배고픈 새끼들이 얼굴을 핥으면 어미는 거의 소화되지 않은 먹이를 다시 게워냈다.

그러나 얼굴을 핥는 것이 먹어야 할 필요성 때문만은 아니다. 강아지는 어른 개의 더 큰 몸집을 인식하고 존경한다는 것을 보여 준다. 공원이나 다른 곳에 갔을 때 다른 개들을 잘 살펴보라. 친근한 개끼리는 서로에게 다가가 자세를 약간 낮추고 상대편 입 주변에 가볍게 입 맞춘다. 이것은 "저기, 당신이 더 세다는 걸 알아. 같이 놀아줄래?"라고 말하는 그들의 방식이다.

사람을 핥는 이유는 입 주변에 남아 있는 약간의 소스가 관심을 끄는 것일 수도 있다. 그러나 개가 주인에게 키스를 퍼붓는 주된 이유는 가수 아레사 프랭클린의 노래 제목처럼 존경심 때문일 수도 있다. 많은 개들이 나이 들어서도 사람을 무리의 리더로 생각하며 존경심을 표시한다. 그것을 개의 칭찬이라고 생각하라. 당신의 개는 관심과 인정을 얻고 싶어 한다.

개가 핥는 정도는 그 개의 성격에 따라 다르다. 심지가 굳고 모험을 즐기는 개는 훨씬 덜 핥고, 사회적이고 모두를 좋아하는 개는 당신이 자신보다 서열이 높다는 것을 인정하는 의미로 핥는다. 골든 리트리버는 입으로 표현하는 데 익숙해 키스를 퍼붓는 것으로 자신을 표현한다.

예상치 못한 개의 키스를 어떻게 멈추게 할까? 우선 키스 후에 개를 밀쳐내지 않는다. 이러면 개는 자신의 의도를 전달하지 못했다고 생각해 더 많이 핥을 것이다. 또는 같이 놀자는 뜻으로 받아들여 키스를 더 퍼부을 수도 있다.

당신이 할 수 있는 최선의 방법은 '키스해'와 '멈춰' 명령을 가르치는 것이다. 리더로서의 지위를 지키면서도 개가 당신에게 애정을 표현할 수 있도록 한다. 입을 많이 사용하는 개의 주의를 돌리기 위해 물어뜯을 수 있는 장난감을 대안으로 준비한다. 개가 잠에서 깨거나 긴 산책을 뒤, 또는 당신과 개의 기분이 안정된 조용한 시간을 골라 잠깐 훈련을 시킨다. 당신의 얼굴이나 손을 한 번 핥게 하고 "잘 했어"라고 말하며 간식을 준다. 개가 당신을 마구 핥기 위해 다가오면 교통정리를 하는 경찰처럼 개의 얼굴 앞에 손을 올리고 "멈춰"라고 말한다. 핥는 것을 멈추면 간식을 주고 칭찬한다.

당신이 오래 집을 비운 뒤 돌아왔을 때 기쁨을 감추는 것이 개에게는 어려울 수 있기 때문에 얼굴을 핥는 것 외에 기분을 표현할 수 있는 다른 방법을 찾아야 한다. 발로 악수를 하거나 좋아하는 장난감을 가져오는 것처럼 재주 부리는 일을 가르친다. 시간이 지남에 따라 핥는 버릇을 버리면 더 큰 상, 즉 당신의 애정과 맛있는 간식이 따라온다는 것을 깨달을 것이다.

위험한 인사

두 살짜리 래브라도 리트리버 나쵸는 손님이 오면 심하게 흥분한다. 초인종이 울리면 대문으로 쏜살같이 달려간다. 우리가 막을 틈도 없이 뛰어올라 손님의 어깨에 앞발을 올린다. 몸무게가 35kg이나 되어서 몇몇 손님을 넘어뜨린 적도 있다. 이 위험한 인사를 막을 수 있을까?

래브라도가 뛰어오르는 힘은 미식축구 선수가 태클을 하는 것과 맞먹는다. 미식축구 선수와 달리 호의적으로 하는 행동이지만 '태클'을 당하는 사람이 땅바닥에 내동댕이쳐지는 결과는 똑같다.

먼저 나쵸가 뛰어오르는 이유부터 알아야 한다. 다른 개를 향해 뛰어올라 대면하며 인사하는 것은 개의 세계에서는 친근한 의사소통 방법이다. 두 마리 개가 함께 노는 것을 보라. 말처럼 뛰어올라 앞발을 마주대고 논다. 많은 개들은 개들끼리 하는 이 행동을 사람에게도 한다.

개가 강아지일 때 우리는 강아지가 우리를 향해 뛰어올라 인사하는 것을 격려하는 실수를 한다. 5kg 강아지가 일어서서 앞발을 당신의 허벅지에 대고 '안녕'이라고 인사하는 것을 거부하기는 어렵다. 몸을 앞으로 숙이고 안아주거나 머리를 쓰다듬어 줌으로써 우리는 이 행동이 괜찮다고 무심코 말해버린 것이다.

나쵸 정도의 나이라면 집에 온 손님이나 산책 도중 만난 사람에게 인사하는 법을 다시 배울 수 있다. '내려와'와 '앉아'를 가르쳐 뛰어오르는 행동을 덜 하게 한다. 처음에는 얼굴에 씌우는 개목걸이와 2m 이상 길이의 목줄을 사용한다. 친구가 집에 오면 나쵸에게 아는 척 하지 말아달라고 부탁한다. 나쵸가 친구를 맞기 위해 뛰어가면 부드럽게 목줄을 잡아당겨 당신을 향해 고개를 돌리게 한다. 단호하게 "내려와!"라고 말한다.

나쵸가 뛰는 것을 멈추고 앉으면 즉시 "잘 앉았어"라고 말하고 간식을 주거나 칭찬한다. 이 행동을 몇 번씩 반복해 어떻게 하면 칭찬과 맛있는 간식을 얻을 수 있는지 나쵸가 이해할 때까지 가르친다. 당신의 다른 친구들도 집으로 오게 해서 나쵸가 공손하게 앉아 있을 때까지 기다렸다가 인사하게 한다.

나쵸가 확실히 배우고 나면 문 옆 카펫에 공손하게 앉도록 가르쳐 손님을 맞게 한다. 대부분 래브라도가 그렇듯 나쵸는 사회성이 매우 발달했다. '내려와', '앉아'를 계속 사용하면 손님을 즐겁게 맞고 싶은 나쵸의 소망을 꺾거나 사람을 넘어뜨리지 않고도 반갑게 맞이할 수 있을 것이다.

부탁이야, 쉿!

새로 이사 온 우리 이웃은 직장에 있는 낮 동안 시끄러운 셔틀랜드 시프독을 뒤뜰에 둔다. 그 개는 귀가 아플 정도로 사납게 짖어대거나 낑낑거린다. 나는 집에서 일을 하기 때문에 창문을 닫고 라디오를 켜야만 한다. 동네 평화를 되찾으려면 어떡해야 할까?

처음엔 이웃의 친근함이 필요하다. 새 이웃과 인사하고 대화하며 개에 대해 묻는다. 개가 왜 뒤뜰에 있는지 슬쩍 알아보고 낮에 많이 짖는다고 말한다. 셔틀랜드 시프독은 시끄러운 종류이긴 하지만 많은 사람이 자기가 집에 없을 때 개가 얼마나 많이 짖는지 모른다. 낯선 사람의 접근을 경고하기 위해 자신이 집에 있을 때만 개가 짖는다고 생각하는 사람도 있다.

당신이 집에서 일하며 해결책을 찾기 위해 협조하겠다고 친절하게 알린다. 상대방이 방어적으로 변해 당신의 말을 듣지 않을 수도 있으니 조심스럽게 말한다. 개가 심심하거나 운동이 필요해서 짖는 것은 아닌지 물어본다. 사는 곳에 따라 누군가 뒤뜰에 남겨진 개를 괴롭히거나 훔칠 수도 있고 심지어 코요테들이 개를 노릴 수도 있다. 개가 울타리 아래를 파서 탈출하거나 차에 치일 수도 있다.

당신의 이웃에게 몇 가지 해결책을 제시한다. 개를 집 안에 두고 화장실에 갈 수 있도록 애견용 문을 만들거나 단단하고 속이 빈 고무공 장난감 속에 치즈, 굵은 곡식, 땅콩버터 등을 넣어 주라고 알려준다. 지친 개는 행복하고 조용한 개이기도 하다.

당신의 이웃은 심하게 짖는 개를 위한 특수 개목걸이가 있다는 것을 모를 수도 있다. 개목걸이의 형태는 다양하다. 전기 쇼크나 진동을 이용한 개목걸이는 너무 잔인하니, 개가 싫어하는 냄새가 나는 오일이 든 정도가 좋겠다. 그러나 이것도 불안해하는 개에게 사용할 때는 주의한다. 싫은 냄새 때문에 마음이 불안해지면 스트레스를 받아 더 짖을 수도 있기 때문이다.

당신이 개를 좋아하는 사람이고 이웃집 개가 당신에게 호감을 보이면 주인의 허락을 받고 개를 훈련시킬 수도 있다. 개가 짖는 것을 잠시 멈추면 울타리로 다가가 간식을 준다. 그 전에 개에게 음식 알레르기는 없는지 주인에게 확인한다. 간식을 보고 냄새를 맡게 한다. 짖지 않을 때 "조용히"라고 말하고 간식을 준다. 짖기 시작하면 "조용히"라고 말하고 짖지 않을 때까지 기다렸다가 간식을 준다. 조용히 하면 맛있는 것을 얻을 수 있다는 것을 가르친다.

중요한 것은 협조다. 이웃과 싸우는 것은 좋지 않다. 이런 제안이 실패하면 지역 행정기관에 연락해 짖는 개에게 할 수 있는 조치를 알아본다. 그러나 이것은 최후의 방법으로 남겨두길 바란다. 행운을 빈다!

TIP

어떤 개는 별로 짖지 않고 어떤 개는 많이 짖는다. 다음 목록은 미국애견협회가 선정한 많이 짖는 개들이다.

에어데일(Airedale)	미니어처 핀셔(Miniature pinscher)
보스턴 테리어(Boston terrier)	노르웨이 엘크하운드(Norwegian elkhound)
치와와(Chihuahua)	페키니즈(Pekingese)
프렌치 불독(French bulldog)	슈나우저(Schnauzer)
아이리시 세터(Irish setter)	셔틀랜드 시프독(Shetland sheepdog)

반면 가장 조용한 종은 다음과 같다.

아프간 하운드(Afghan hound)	코커 스패니얼(Cocker spaniel)
바센지(Basenji)	그레이하운드(Greyhound)
복서(Boxer)	레온버거(Leonburger)
브리타니 스패니얼(Brittany spaniel)	뉴펀들랜드(Newfoundland)
불 테리어(Bull terrier)	살루키(Saluki)

: 개과천선_ 스트라이더 이야기

　수컷 시베리안 허스키 잡종인 스트라이더와 암컷 래브라도 잡종인 데이지는 현관문이 열리는 소리를 들으면 공격적 성격을 드러냈고 때로는 손님들에게 달려들어 으르렁거렸다. 스트라이더는 이빨을 내놓고 으르렁거리며 울타리를 향해 돌진했기 때문에 지나가는 사람들은 위협을 느꼈다. 우체부는 우편물을 배달할 때마다 불평했다. 주인인 마샤와 팻은 집에 손님을 초대하지 못하게 되자 문제가 심각하다는 것을 깨달았다.

　스트라이더가 문제의 근원이라는 것은 명백했다. 사람이나 개가 집 앞을 지나가면 스트라이더는 날뛰기 시작했고 데이지가 그 뒤를 이었다. 스트라이더는 매일 토했고 자신과 자신의 잠자리를 강박적으로 핥았고, 집안에다 오줌을 쌌고, 주인인 팻한테조차 으르렁댔고, 밖에서 소리가 들리면 주인들이 직장에서 돌아오는 소리라 하더라도 몸 전체를 문에 부딪쳤다.

　이전 훈련사가 충격을 주는 개목걸이를 사용했지만 효과가 없었다. 스트라이더의 흥분을 고려하지 않았기 때문이다. 스트라이더가 배운 것은 개목걸이가 작동하면 짖는 것을 멈추는 것뿐이었다. 개목걸이를 빼면 진짜 감정인 불안감을 드러내는 행동을 다시 시작했다. 스트라이더의 모든 행동은 스트레스와 불안 때문일 수도 있었기에 수의사는 항불안 약물을 처방했다. 이 약물은 문제 행동을 줄일 수는 있었지만 완전히 없애지는 못했다.

　마샤와 팻은 우선 안전조치부터 했다. 우편함은 길가로 옮기고, 개들이 보호를 이유로 짖는 것을 막기 위해 보호자 없이 뒤뜰에 나가는 것을 금지했다. 불렀을 때 오고 울타리

주변에서 서성대지 않도록 훈련시켰다. 다른 개들 사이에서 불편해 하는 개들을 위한 수업에도 보냈다. 다른 사람이나 개가 주변에 있을 때 '공격해야 한다'는 감정에서 '반가워요'로 바꾸는 데 힘을 쏟았다.

스트라이더의 마음이 안정되자 스트레스를 받는 상황에 대처하는 행동을 가르쳤다. 초인종이 울리면 돌진하고 짖는 것 대신 이제는 부엌에 있는 자신의 매트 위로 달려가 어떻게 해야 할지 마샤를 바라본다.

마샤와 팻은 다시 저녁식사에 손님을 초대하고 집에서 바베큐 파티를 할 수 있었다. 이제 스트라이더와 데이지는 집에 온 손님이나 지나가는 사람에게 달려들거나 짖지 않는다. 스트라이더의 불안 행동도 줄었다. 아직 조심스럽긴 하지만 대문 밖의 사람이 적인지 친구인지 주인이 결정한다는 것을 알았기 때문에 스트라이더의 마음이 더 안정되었다고 볼 수 있다.

낑낑거리는 습관

동물 보호소에서 네 살짜리 잡종 그레이시를 입양했다. 평생 개를 길렀지만 낑낑거리는 것으로는 그레이시가 으뜸이다. 심지어 산책을 다녀온 후에도 낑낑거린다. 괜찮다고 말해주고 안아주지만 소용없다. 낑낑거리는 것을 멈추게 하려면 어떻게 해야 하나? 그레이시를 정말 사랑하지만 이 녀석은 나를 미치게 한다!

개들이 낑낑대는 의미는 분명하다. 관심을 얻기 위해서다. 그러나 낑낑대는 소리는 다양하고 뜻도 다르다. 강아지는 춥거나 배고플 때 낑낑거리면 엄마의 관심을 끌 수 있다는 것을 발견한다. 입양 가능한 나이가 되면 낑낑대는 데에 도가 튼다. 관심을 끌려고 낑낑대는 행동을 사람 부모에게도 한다. 큰 개도 관심을 얻으려고 낑낑거린다. 흥분해서 낑낑거리는 경우도 있다. 병이 들었거나 아파서일 수도 있다. 좌절감 때문에, 특히 가장 좋아하는 장난감 공이 소파 밑으로 들어갔을 때도 낑낑댄다.

그레이시의 강아지 시절과 이른 성년기는 알 수 없지만 당신은 그레이시와 새로운 관계를 맺을 수 있다. 새로 맺을 관계는 되도록

이면 낑낑거리지 않는 관계가 좋을 것이다. 먼저 수의사에게 데려가 의학적 이유가 있는지 진찰을 받는다. 건강하다면 습관을 바꾸어야 한다. 우리 집은 안전하고 내가 너를 사랑한다고 그레이시에게 계속해서 전한다.

매일 충분한 운동을 시킨다. 적어도 20분은 데리고 나가거나 뒤뜰에서 놀아준다. 낑낑대기 시작하면 이유를 찾는다. 밖에 나가고 싶어 하거나 밥 먹을 시간이거나 합당한 이유에는 반응을 보인다. 그러나 이유 없이 낑낑대면 무시한다. 말 그대로 차갑게 군다. 만지지도 말하지도 않는다. 그레이시가 안정을 되찾아 조용히 하면 다가가서 차분하게 칭찬하고 간식을 준다.

어린아이의 버릇을 고치듯 낑낑거리는 습관을 깨야 한다. 빨리 바꾸지 못하면 완전한 분리 불안으로 발전할 수도 있다. 낑낑대는 것이 당신의 관심을 끌지 못해 자신이 원하는 것과 반대가 된다는 것을 그레이시가 배우면 조용히 하는 것이 가장 좋다는 것을 깨달을 것이다.

발가락이 까다로워

몇 달 전 한 구조 단체에서 18개월 된 웰시 코기(Welsh corgi) 부커를 입양했다. 방치된 어린 시절을 보냈기 때문인지 겁이 많고 소심하다. 유난히 발가락 만지는 것을 싫어해 발톱을 깎아줄 수가 없다. 어떻게 할까?

부커는 새로운 환경에 적응하는 중이겠지만 당신에 대한 믿음과 자신감을 키워야 한다. 많은 개가 발가락에 까다롭다. 특히 코기 종류가 그런데 이유는 아직 모른다. 몇 년 전 내가 코기 강아지 재즈를 입양했을 때 코기를 기르던 사람과 훈련사는 "코기는 발가락이 민감하니 첫날부터 발가락을 가지고 놀라"고 알려주었다. 부커는 발을 만지는 것을 좋아하지 않겠지만 참는 것을 배울 수는 있다.

개의 발바닥은 신발의 두꺼운 가죽 밑창처럼 단단하지만 발의 다른 부분은 그렇게 튼튼하지 않다. 코기뿐만 아니라 모든 개의 발 위와 발가락 사이는 특히 민감한 부분이다. 발가락 주변에는 신경 종말이 있어 아픔이나 부상을 일으킬 정도로 압박을 가하면 뇌에

경보를 보내기 때문이다.

코기라는 특성 외에도 입양된 사실로 보아 부커가 발 관리를 받았을 가능성은 없어 보인다. 발톱을 너무 짧게 잘라서 피가 나고 아팠을 수도 있다. 그렇다면 아픔을 피하기 위해 자신의 발가락을 보호하는 행동을 할 것이다. 그러나 발톱은 손질해줘야 한다. 발톱이 너무 길면 카펫이 찢어지거나 팔다리가 긁히거나 걷는 모습에 영향을 미친다.

발을 만지는 것이 유쾌한 경험이 되어야 한다. 첫 번째 단계는 "악수해"라고 말하며 앞발을 들어 당신의 손을 만지도록 가르친다. 관심을 끌기 위해 손에 간식을 든다. 처음엔 발을 잡지 말고 가볍게 만지고 놓는다. 칭찬을 하고 간식을 준다. 천천히 움직여 몇 초간 발을 부드럽게 잡았다가 부커가 탈출하기 전에 놓는다. 부커가 괜찮아 보이면 다른 쪽 앞발 잡는 것을 연습한다. 연습 시간은 짧게 하고 간식을 주고 칭찬하는 것을 잊지 않는다.

두 번째 단계로 넘어가자. 부커가 조용히 쉴 때 한 쪽 발을 가볍게 만지며 부드럽게 쥔다. 반응을 살핀다. 좋아 보이면 기쁜 목소리로 말하며 간식을 준다. 마사지를 해주는 것도 좋다. 마사지를 받고 부커가 안정을 느끼면 당신이 발을 만져도 참을 수 있을 것이다.

세 번째 단계에서는 발톱 깎기를 사용한다. 부커가 좋아하는 장소에 발톱 깎기를 놓아둔다. 발톱 깎기의 냄새를 맡으면 칭찬하고 간식을 준다. 목표는 발톱 깎기가 집안 인테리어 중 하나라고 부커가 느끼게 하는 것이다. 발톱 깎기와 간식을 들고 소파에 앉는다. 부커를 불러 당신의 손 냄새를 맡게 한다. 손을 천천히 열어 발톱 깎기를 보여주고 간식을 준다. 가만히 있으면 발톱 깎기를 누르면서 간식을 준다. 발톱 깎기 소리와 맛있는 간식을 연결시키도록 말이다.

몇 주 지나면 한 번에 한 쪽 발로 시작한다. 발톱 하나 깎을 때마다 모든 개들이 '미칠 정도로' 좋아하는 핫도그나 치즈 같은 특별 간식을 준다. 한 쪽 발이 끝나면 더 이상 발톱을 깎지 않는다. 다음 날 다른 발에 해준다. 부커의 모든 발을 한 번에 손질할 날이 올 것이다.

물리면 아프다고!

59년 동안 함께 했던 남편이 죽었을 때 나는 강아지를 입양하기로 마음먹었다. 버디는 즐거움과 행복으로 집을 가득 채운다. 그러나 내 관심을 끌기 위해서인지 가끔 손과 팔을 문다. 물리면 아프고 장난이라고 해도 상처가 남는다. 무는 버릇을 멈추게 할 수 있을까?

버디는 활발하고 충성스러운 개다. 날카로운 유아치가 빠지고 성인치가 나고 있는 강아지가 무는 건 흔한 일이다. 이가 나는 기간과 아픈 잇몸 때문에 무는 행동은 종류에 따라 1년까지 지속된다. 보더 콜리 같은 목축견은 놀 때 입을 사용하고 소와 양떼를 몰던 기질이 남아 발꿈치를 물기도 한다. 래브라도 리트리버 같은 일부 사냥견도 잘 무는 종류다.

그러나 종류가 무엇이든 물리면 아프다! 효과적인 방법은 입 냄새 제거 스프레이다. 개들은 민트향을 싫어한다. 피클 즙에 손발을 담그는 것도 좋은 방법이다. 단, 당신도 냄새를 각오해야 한다!

억제제를 쓰는 것보다 버디가 물지 않도록 훈련하는 것이 더 좋다. 버디에게 물면 아프다는 것을 가르쳐야 한다. 태어난 지 8주에서 10주 정도 된 강아지들은 엄마 품에서 무는 것을 조절하는 방법을 배운다. 너무 세게 물면 형제자매가 날카롭게 짖기 때문에 놀면서도 좀 더 약하게 문다. 버디가 당신을 너무 세게 물면 크게 소리를 지른다. 일어나서 등을 돌리고 그 자리를 천천히 떠난다. 그것은 '재미없어, 노는 시간 끝!'이라는 의미다. 버디는 당신과 더 놀고 싶기 때문에 당신을 무는 것은 즐거운 시간을 뺏기는 것이라는 것을 알게 된다.

사실 버디는 '물어야 하는' 나이다. 당신의 손과 팔 대신 물 수 있는 적절한 장난감을 대용으로 준다. 함께 놀 때는 당신의 손과 팔을 보호하면서도 버디가 무언가를 입에 넣을 수 있도록 고무로 된 장난감을 사용한다. 주둥이를 때리거나 입을 닫는 행동은 하지 않는 것이 좋다. 버디가 더욱 세게 물 수 있기 때문이다.

듣지 못해도 괜찮아

키우던 달마시안(Dalmatian)이 14살에 죽었을 때 나는 달마시안 구조 단체에 연락했다. 어린 강아지보다 다 큰 개를 입양하고 싶었다. 나는 귀가 안 들리는 2살짜리 거스와 사랑에 빠졌다. 듣지 못해도 괜찮지만 의사소통을 할 수 있도록 가르칠 수 있을까?

어떤 개도 완벽하지 않다. 잘 듣는 개라고 해도 말이다. 과거에는 아무리 좋은 개라도 유전적 질병이든 부상으로 인한 것이든 단지 귀가 안 들린다는 이유만으로 안락사 시켰다. 달마시안, 사모이드(Samoyed), 웨스트 하이랜드 테리어(West Highland terrier), 화이트 저먼 셰퍼드(White German shepherd) 등은 양쪽 귀의 청력 상실 가능성이 다른 개에 비해 더 높다.

어떤 개도 인간의 언어로 말하지 않고 말보다는 다람쥐와 고양이에 더 정신을 판다. 개는 비언어적인 '몸짓'으로 '대화'한다. 소리는 짖거나 깽깽거리거나 끙끙거리거나 으르렁거리거나 간에 냄새 맡기, 얼굴 표정, 자세 같은 비언어적 수단에 따르는 부차적 소통 방법일 뿐이다.

들을 수 있는 개와 마찬가지로 귀가 안 들리는 개 또한 일관되게 인내심을 지니고 가르치면 많은 것을 배운다. 거스에게 명령을 내릴 때는 말보다 수화가 효과적이다. 믿거나 말거나 귀가 안 들리는 개를 기르는 사람들은 자신의 개와 '대화' 하기 위해 수화를 배운다. 여기엔 멋진 보너스가 따른다. 귀가 들리지 않는 개는 물론 귀가 들리지 않는 사람과도 대화할 수 있게 된다!

거스와 의사소통하기 위해 당신만의 손 신호를 만든다. 혼란을 막기 위해 확실히 구분되는 신호를 골라야 한다. '앉아' 라는 신호가 '이리 와' 라는 신호와 비슷하면 안 된다. 신호를 가르치기 전에 거스가 당신에게 완전히 집중하게 한다. 조용하고 산만하지 않은 장소에서 식사 시간 전에 하는 것이 좋다. 바닥에 발을 구르거나 손을 흔들어 거스의 눈을 사로잡는다. 가르쳐야 할 첫 번째 명령은 '나를 봐' 라는 신호다. 간식을 들고 거스의 코앞에 가져갔다가 당신의 눈 앞으로 가져온다. 간식이 움직이는 것을 거스가 보면 엄지손가락을 드는 등 칭찬의 신호를 보내고 간식을 준다. 거스가 계속해서 '나를 봐' 신호에 반응하면 다른 신호를 가르친다.

신호를 완전히 습득하면 간식을 주고 엄지손가락을 위로 향하는 등의 일관된 성공신호를 보내며 웃는다. 거스는 시각적인 신호를 보고 있다. 간식을 사용하고 단계를 천천히 밟는다. 성공을 발판 삼아 올라가되 인내심을 키운다. 귀가 안 들리는 개도 몇 십 개의 신호를 배울 수 있고 공이나 목줄을 가져오라는 명령의 차이를 구분할 수 있다. 개의 민첩성 훈련 수업에서 셔틀랜드 시프독 알바가 귀가 안 들린다는 것을 안 것은 몇 주나 지난 뒤였다. 난 단지 알바의 주인인 데일이 말을 잘 안 하고 부끄러움을 많이 타는 사람인줄 알았던 것이다! 그러나 알바는 데일의 손 신호에 따라 기둥 사이를 오가고 굴속을 재빠르게 통과했다.

주의점 하나. 산책이나 여행을 갈 때 목줄을 채우고 울타리로 둘러친 안전한 장소에서만 줄을 푼다. 거스의 이름표에 귀가 안 들린다는 것과 당신의 이름과 연락처를 꼭 적는다.

Chapter 3

개의 행동

개의 습관은 우리를 당황하게 한다. 어떤 것은 재미있지만
대부분은 우리를 낙담시키고 때로는 끔찍한 것도 있다.
개의 기벽과 결점을 알아보고 참을 수 없는 버릇을
어떻게 하면 바꿀 수 있는지 배운다.

24 집배원은 싫어!

우리 집에 오는 집배원은 매일 오후에 우편물을 넣는다. 문제는 그가 오기만 하면 그레인지가 미친 듯 짖으며 문을 향해 돌진한다는 것이다. 집배원을 싫어하는 그레인지를 조용히 시키려면 어떡해야 할까?

그레인지와 대화를 하면서 집배원에 대해 설명해주고 싶은가? 그레인지는 잘 알려진 개의 공식을 따르고 있다. 유니폼을 입은 사람이 대문을 향해 다가오면 개는 무리의 리더(바로 당신!)에게 경고를 보내며 침입자를 향해 공격적으로 짖는다. 그러면 침입자는 돌아가고 개는 침략의 무리로부터 성공적으로 집을 지켰다고 믿는다. 매일 있는 배달 게임에서 승리자는 언제나 개다. 물론 그레인지가 짖는 이유가 성격, 보호 본능, 두려움, 흥분 때문일 수도 있다.

개는 자신의 행동이 효과적이었다고 믿는다. 미국의 전국 통계에 따르면 1년에 개에게 물리는 집배원의 숫자는 약 3,000명 정도라고 한다. 집배원이 집에 왔을 때 하지 말아야 할 것이 몇 가지 있다. 그레인지가 짖을 때 "괜찮아", "잘 했어"라는 말을 하지 않는다. 그 말은 짖는 것에 대한 칭찬이기 때문이다. 그레인지는 자신이 무시무시하게 짖는 것에 당신이 동의했다고 생각한다. 조용히 하라고 소리쳐서도 안 된다. 침입자를 쫓기 위해 큰 소리로 자신을 돕는 것이라고 생각하기 때문이다.

짖는 개를 조용히 시키는 이전 질문을 참고한다. 대문에 우편물을 넣는 구멍이 있다면 문 밖에 간식이 들어 있는 밀폐 용기를 미리 놓아두고 집배원과 다른 배달원들에게 구멍으로 간식을 넣어달라고 부탁한다. 핵심은 유니폼 입은 사람이 왔을 때 그레인지가 좋은 일을 기대하게끔 하는 것이다.

이것을 '반대조건부여'라고 한다. 나쁜 쪽으로 연상하던 것을 좋은 쪽으로 바꾸는 것이다. 타이밍이 중요하다. 그레인지가 짖기 전에 간식을 주어야 한다. 간식을 먹으면서 미친 듯이 짖을 수는 없다.

다른 방법은 유니폼 입은 사람이 접근하면 판단을 내리는 리더는 당신이라는 것을 깨닫게 하는 것이다. 이 훈련을 할 때는 그레인지에게 아픔을 주지 않고 통제할 수 있도록 얼굴에 씌우는 개목걸이나 다른 도구를 사용한다. 집배원이 오면 당신이 우편물을 받는 동안 그레인지에게 '앉아서 가만히' 있는 것을 가르친다. 그레인지가 말을 잘 들으면 상으로 간식을 준다. 개목걸이 씌우는 방법을 모르면 수의사나 지역의 개 훈련가의 도움을 받는다.

개를 처음 집에 데려 왔을 때 인사하는 법을 잘 가르치면 이후에 짖거나, 물거나 돌진하는 버릇이 나타나지 않는다. 내가 처음 재즈를 데려 왔을 때 나는 재즈를 안고 사람들에게 인사하러 갔다. 그들은 간식을 주었고 명령에 따라 앉으면 간식을 몇 개 더 주었다. 재즈는 자라면서 유니폼 입은 사람은 산타클로스 같은 존재라고 생각했고 문 옆에 서서 나와 함께 기쁜 마음으로 인사했다. 한 번도 짖지 않고 자신의 간식을 기다리면서 말이다.

TIP

개들은 싱긋 웃지는 않지만 즐거움을 표현할 수는 있다. 기쁨과 재미를 표현할 때는 웃음소리보다 빠르게 헐떡이는 소리를 낸다. 던지기 놀이를 할 때 소리가 들리는지 잘 살펴본다. 정말 많은 사람들이 자신의 개가 웃었다고 맹세한다.

나만의 인사법

그레이트데인 돌리는 사람에게 인사하는 것을 좋아한다. 인사방법은 손님에게 달려가 다리 사이에 코를 박는 것이다. 뛰어오르기까지 하지는 않지만 돌리의 인사를 난감해 하는 친구도 있다. 제발 멈추게 하고 싶다. 어떻게 해야 할까?

돌리는 100% 개이다. 개들은 서로 만나 인사 할 때 머리부터 꼬리까지 철저히 냄새를 맡는다. 냄새는 나이, 건강상태, 식사메뉴, 심지어 현재 기분에 이르기까지 많은 정보를 준다. 특히 엉덩이는 몸의 다른 곳보다 냄새가 더 강렬하다.

돌리는 사람들이 이런 인사법을 좋아하지 않는다는 것을 배워야 한다. 그레이트데인처럼 큰 종은 종종 사람을 불쾌하게 한다. 사람의 다리 사이 높이에 코가 있기 때문이다. 개는 '앞'에서도 '뒤'에서도 냄새를 맡는다. 치와와나 요크셔테리어처럼 작은 종은 신발이나 발목에 더 흥미를 보인다. 코가 닿는 위치가 거기까지기 때문이다.

너무 창피해 하지 않아도 된다. 많은 개가 이런 '범죄'를 저지르며 '정상적이고 공손한 돌리'의 예절 때문에 화를 내거나 불쾌해 할 필요는 없다. 그러나 돌리에게 새 인사법을 가르칠 수는 있다. 더 좋은 인사법을 알려주고 행동을 바꾸도록 한다. 먼저 기본적인 복종의 기초를 습득하고 있는지 확인한다. 명령을 하면 '앉아서 가만히' 있도록 한다. 집이 조용할 때 이런 명령을 반복하고 손님이 와도 '앉아서 가만히 있게' 한다. 돌리가 손님에게 먼저 다가가게 하기보다 손님이 돌리에게 다가가도록 요청한다.

어떤 개는 앞발을 잘 쓴다. 돌리도 그렇다면 냄새 맡는 것을 앞발로 악수하는 것으로 바꿀 수 있다. 돌리와 함께 연습한다. "앉아"라고 말하고 개의 코앞에 간식을 내민다. 대부분 간식을 향해 앞발을 내밀 것이다. 돌리가 이렇게 하면 들었던 앞발을 잡고 친근하게 흔들면서 "악수 잘 했어", "발 잘 들었어"라고 칭찬하고 간식을 준다. 잘한 일은 충분히 칭찬한다.

돌리가 계속해서 발로 악수를 하면 친구들을 집에 초대해 '악수 잘 했어' 명령을 내린다. 예전처럼 냄새 맡는 행동으로 돌아가면 친구들과 함께 돌리를 무시한다. 돌리는 냄새를 맡으면 간식을 먹을 수 없고 공손하게 악수하면 먹을 수 있다는 것을 깨달을 것이다. 돌리가 앉아 있는 시간도 늘려간다.

집 밖에 나왔을 때도 연습시킨다. 산책 도중이거나 슈퍼마켓 주차장에 있을 때 친구들이 다가오면 악수를 하게 한다. 다양한 상황에서 사람들이 좋아하는 인사법을 터득시킨다.

극단적으로 식초와 물을 섞은 액체나 민트향 입 냄새 제거 스프레이를 쓸 수도 있다. 이 스프레이를 문 옆에 두고 돌리가 냄새를 맡으려고 할 때마다 뿌린다. 단, 눈에 들어가지 않게 조심한다. 이 스프레이를 몇 번 보면 돌리는 상황 판단을 하고 물러날 것이다. 그러나 이 방법은 매우 고집 센 개에게만 사용하기를 권한다. 벌을 주는 이런 방법에 대한 주의점 하나. 스프레이 병을 공격하면 즉시 중단한다. 훈련이 부작용을 일으켜 더 큰 문제를 만들 수도 있다.

워터보이 26

제시는 워터보이 같다. 물그릇만 있으면 앞발로 물을 튀겨 부엌 바닥을 엉망으로 만든다. 물그릇이 비면 채워주긴 하지만 물장구치는 것을 막고 싶다. 제시는 왜 이런 행동을 하는 걸까?

제시는 바람직하지는 않지만 확실히 큰 재미를 즐기고 있다. 그래도 부엌을 지나다니기 위해 장화를 사는 것은 안 된다! 제시가 어떤 종인지는 잘 모르겠지만 아마도 래브라도 리트리버처럼 물을 좋아하는 것 같다. 이러한 개들은 수영, 물속에서 노는 것, 온몸을 흔들어 물방울 터는 것을 좋아한다.

개가 있는 모든 집에는 개가 목마르지 않도록 상쾌하고 깨끗한 물이 담긴 그릇이 필요하다. 그러나 물을 먹이기 위해 물 바닥까지 참을 수는 없다! 이 문제를 해결할 수 있는 몇 가지 방법이 있다. 애완동물을 가진 사람들이 계속해서 늘어나면서 새로운 애완동물 제품은 큰 시장이 되었다. 애완용품 상점이나 온라인에는 온갖 형태,

크기, 구조의 물그릇을 판다. 제시가 물그릇을 엎어버리면 미끄럼 방지용 물그릇을 산다. 지지대 위에 솟은 물그릇은 제시가 물장구 치는 일을 막아줄 것이다. 끝을 핥으면 적은 양의 물을 흘려보내는 물 공급 병도 있다.

 물을 항상 놔두지 않고 제시가 얼마나 물을 먹는지 살펴본다. 산책이나 다른 운동을 하고 돌아오면 밥을 먹은 후 물그릇에 물을 반만 채워 준다. 앞발을 그릇에 넣으면 물그릇을 집어 든다. 제시가 앉거나 안정되기를 기다렸다가 물그릇을 다시 내려놓는다. 장난감이 아니라 갈증을 풀기 위한 그릇이라는 것을 전달해야 한다. 여름에는 하루 동안 반드시 충분한 횟수로 물을 준다. 제시와 함께 행운을 빈다. 한 가지 더. 과도기적인 지금 시기엔 충분한 양의 키친타월과 대걸레를 준비한다.

TIP

당신 개가 물을 좋아하면 물장구치기를 위한 도구를 마련한다. 뒤뜰이나 베란다에 플라스틱으로 만든 작은 수영장을 놓고 물을 반 정도 채운 후 밖에서 마음껏 물장구치며 놀게 한다. 그 후에 간식을 주고 칭찬한다.

오아시스 변기

27

집 여기저기 물그릇을 많이 놓아두고 언제나 깨끗하고 상쾌한 물로 채워둔다. 그러나 복서인 쥴스는 변기통 물을 핥아 먹는다. 자신만의 오아시스로 생각하는 걸까? 아니면 어디 아픈 걸까?

쥴스의 입장에서 생각해보자. 변기통은 절대 넘어지지 않는다. 언제나 상쾌한 찬물로 가득 차 있다. 화장실 타일은 더운 날 발을 식혀주기까지 한다. 쥴스에게 최고의 물은 브랜드 상표의 탄산수나 생수보다 변기통 물이다. 그야말로 완벽한 조건의 오아시스다!

변기통에 청소약품을 많이 넣는다면 쥴스가 아플 가능성도 있다. 하지만 대체적으로 화장실 변기 안의 물은 야외에 있는 물보다 깨끗하고 안전하다. 웅덩이, 호수, 연못 등에는 편모충이나 다른 질병을 유발할 수 있는 세균과 기생충이 종종 서식한다.

쥴스가 화장실로 직행하는 다른 이유는 물그릇 때문일 수도 있다. 플라스틱 물그릇은 음식 냄새를 흡수해 물맛을 변하게 한다. 이 문제를 해결하려면 쉽게 씻을 수 있는 자기나 스테인리스 스틸로 만든 물그릇을 사용한다.

　이보다 더 쉬운 해결책은 변기 뚜껑을 닫는 것이다. 하지만 언제나 실천보다는 말이 더 쉬운 법이다. 우리 자신도 잊을 수 있고 손님이 무심코 열어 놓을 수도 있다. '쥴스가 변기에서 물을 마시지 않게 변기 뚜껑을 닫아주세요'라고 쓴 메모지를 달아 놓을 수도 있지만 보기 흉할 것이다. 아니면 화장실 문을 닫아 놓을 수도 있다.

　이도 저도 통하지 않을 때는 시원한 장소에 물그릇을 놓아둔다. 개들은 햇볕에 내놓은 물그릇을 싫어하니, 더운 날에는 물그릇에 얼음 조각 몇 개를 넣어두면 좋아할 것이다.

28 냄새의 취향

한 살 된 폭스하운드(Foxhound) 클라이드는 냄새의 취향이 지나치게 독특하다. 냄새만 맡는 것이 아니다. 해변에서 죽은 개구리, 물고기, 차에 친 동물을 발견하면 좋아 죽으며 그 위에 누워 몸을 굴린다. 도대체 왜 이런 짓을 하는 걸까?

개가 왜 냄새나는 것에서 구르는지 아무도 확실히 모르지만 몇 가지 이론이 있다. 하나는 오래 전 사냥을 하던 개가 무리에게 사냥감에 대한 정보를 알리던 본능적 행동이라는 것이다. 썩은 물고기가 있다면 근처에 산 물고기도 있을 것이다! 두 번째 이론은 사냥 기회를 갖기 위해 후각적으로 위장한다는 것이다. 토끼를 잡기 위해 개 냄새가 아니라 토끼, 심지어 죽은 토끼 냄새를 풍기는 것은 얼마나 좋은 방법인가! 이런 개의 위장술은 다른 습격자로부터 자신의 냄새를 숨기기 위한 것일 수도 있다.

개와 그 주인은 어떤 냄새가 좋고 나쁜지 절대로 서로 동의할 수 없을 것이다. 주인은 개를 조심스럽게 목욕시키고 헹구고 말리고 털을 빗긴다. 주인이 보기에 개는 깨끗하고 향기롭다. 하지만 개에게 샴푸 냄새는 당장 숨겨야 할 끔찍한 냄새다. 그것이 바로 방금 목욕을 끝낸 개가 밖으로 뛰쳐나가 진흙에 구르는 이유다. 어떤 개는 샴푸 냄새를 가리려고 배설물 위를 구르기도 한다. 진흙이나 배설물은 개에게 비싼 향수나 마찬가지다.

　클라이드와 산책을 나가면 '악취탄'에 뛰어들기 전에 막을 수 있도록 가까운 곳에서 지켜본다. 클라이드가 어떤 지역에서 더러운 것을 발견하면 며칠 동안 그 지역을 피하든지 그 지역을 벗어날 때까지 목줄을 묶고 다닌다. 항상 간식을 갖고 다니며 클라이드가 더러운 것에 지나친 관심을 보일 때마다 부른다. '그건 내버려둬'와 같은 명령을 이해시키면 냄새나는 곳에 뛰어들려고 할 때 막을 수 있다. 자신의 배설물 위에서 구르기를 좋아하면 뒤뜰의 배설물을 자주 치워 유혹의 근원을 없앤다.

고양이 변기의 습격자

개와 고양이를 좋아해서 둘 다 집에서 기른다. 그러나 새시가 자꾸 고양이 변기를 습격해 배설물을 먹는다. 도대체 무엇 때문에 이런 행동을 하고, 이것을 막을 방법은 없을까?

당신은 이 증상을 전문용어로 설명해 친구들을 놀라게 하고 단어수준을 늘릴 수 있다. 그것은 바로 '분식증(배설물 섭취)'이다. 이 증상을 부르는 어려운 용어가 있다는 것은 새시만 이런 짓을 하는 게 아니라 동물의 왕국 전체에 광범위하게 퍼져 있다는 뜻이다. 많은 개가 토끼, 사슴, 말 등 다른 동물과 자신의 배설물을 먹는다.

첫 번째는 비타민 부족 때문일 수 있으니 수의사에게 상담한다. 단백질, 섬유질, 지방이 더 많은 먹이를 주거나 비타민B 보충제를 먹여야 할 수도 있다. 영양 때문이 아니라면 새시의 '불쾌한' 행동에는 이유가 있다. 개의 조상은 동굴을 깨끗이 하고 습격자의 주의를 끌지 않기 위해 자신의 배설물을 먹었다. 젖을 먹이는 암컷들은 어린 강아지들을 낳으면 아직도 이런 식으로 보금자리를 청소한다.

두 번째는 취향의 문제다. 개는 잡식성이며 인간과는 입맛이 매우 다르다. 고양이 변기에 있는 배설물은 고양이 사료 맛이 나기 때문에 제시에게는 행복한 먹을거리일 수도 있다.

세 번째는 새시가 심심해서 단조로운 일상에 활기를 불어넣고자 고양이 변기를 습격하는 것일 수도 있다. 만약 이것이 이유라면 남는 에너지를 소비하기 위해 하루에 두 번 이상 적어도 20분 정도 산책을 시킨다. 몇 분 동안 재주를 가르치면서 시간을 보내는 것도 심심함을 덜 수 있다. 새시를 혼자 둔다면 생가죽 뼈다귀나 간식으로 가득 채운 장난감을 줘서 고양이 변기로부터 주의를 돌린다.

이유가 무엇이든 이 문제는 해결할 수 있다. 고양이는 아무도 없는 자신만의 장소를 좋아한다. 남는 방에 고양이 변기를 놓고 문에 울타리를 쳐서 새시가 들어가지 못하게 한다. 울타리를 바닥에서 약간 위로 치면 고양이가 울타리 아래나 위로 넘어 다닐 수 있다. 고양이 밥그릇도 그 안에서 두어 새시가 그것을 몰래 먹지 못하게 한다. 고양이 방을 오갈 때 새시가 앉아서 기다리도록 훈련시킨다. 매일 아침 고양이에게 캔 사료 한 덩어리를 줄 때 새시에게도 상을 준다. 방 밖에서 기다리는 것이 더 이득이라는 것을 새시가 알게 되면 자신의 몫을 얻기 위해 얌전히 기다릴 것이다.

마지막 비법은 고양이 변기의 배설물을 더 자주 치우는 것이다. 그러기 어려우면 고양이 변기에 애완용품점이나 건강 식품점에서 파는 효소를 약간 뿌린다. 새시는 배설물이 맛없다고 느낄 것이다. 이 방법은 고양이가 변기의 첨가물을 불편해하지 않고 계속해서 사용할 때에만 효과가 있다. 고양이가 변기를 버리고 가버리면 안 된다!

세상에서 공놀이가 제일 좋아

매일 아침 일어나면 내 베개 위에 냄새나고 더러운 공이 있다. 만약에 그 공을 무시하면 한 살 된 래브라도 넬리는 내 얼굴에 차고 젖은 코를 대고 얼굴을 마구 핥는다. 넬리는 공에 열광한다. 공원에 데려가면 다른 개들을 무시한 채 공만 주워온다. 왜 그렇게 공을 좋아할까?

아, 공 쫓기의 기술과 집착이다. 우리 동네에도 넬리 같은 개들이 많다. 그들은 자기가 제일 좋아하는 장난감만 바라본다. 다른 개와 만나면 재빨리 인사를 끝내고 다시 공을 찾는다. 어떤 개는 피곤한 주인 대신 가장 힘센 팔을 가졌지만 만만해 보이는 사람을 찾아 자신의 매력을 이용해 그가 기꺼이 공을 던지게 한다.

개의 조상을 생각하면 공을 쫓는 일은 토끼나 다른 사냥감을 쫓는 일이다. 개는 원래 사냥으로 먹이를 구했다. 추격은 배부름이라는 상을 주었다. 오늘날 애완견은 음식을 쫓지 않아도 되지만 '쫓아서 잡는' 본능은 남았다. 특히 리트리버나 스패니얼 같은 사냥개가 그렇다. 이제 대부분의 개는 사냥을 하지 않지만 푹신푹신하고 침으로 뒤범벅된 공은 죽은 오리만큼이나 만족스럽다. 반대로 시츄나 아키타가 공으로 계속 놀아달라고 하는 일은 별로 없다. 사냥을 위해 교배된 것이 아니기 때문이다.

넬리의 운동량은 충분한 것 같지만 좋은 상태에서 광적인 상태로 선을 넘었다. 아침마다 보이는 모습은 넬리가 모든 것을 결정한다는 느낌을 준다. 당신이 일어나면 넬리는 거의 강제적으로 당신의 관심을 끈다. 아직 어리지만 깡패로 발전할 위험이 있다. 넬리가 공을 좋아하는 사실을 이용해 당신이 리더라는 것을 알게 한다. 자기 전에 공은 물론 유혹의 대상이 될 만한 것을 모두 치운다. 모든 공과 원반을 밖에 놓고 집안에서는 전혀 공놀이를 못하게 하는 사람도 있다.

던지기 놀이를 할 때에도 가끔씩만 공을 꺼낸다. 한 번 던질 때마다 몇 초 동안 넬리가 '앉아서 가만히 있도록' 한 다음 다시 공을 던진다. 이 시간을 이용해 '떨어뜨려', '내려놔' 명령을 가르친다. 넬리가 공을 내려놓지 않으면 두 번째 공을 들고 나와 첫 번째 공을 떨어뜨렸을 때에만 공을 던진다. 노는 동안 넬리가 공에만 집중하지 않도록 연습을 반복한다.

공원에 갔을 때 공을 쫓지 않는 개가 있으면 다른 개에 대한 넬리의 사회성을 길러줄 좋은 기회다. 잠깐 동안 장난감 가방을 숨기고 넬리가 다른 개와 놀도록 격려한다. 우호적 개를 기르는 친구들을 초대해 뒤뜰이나 지하실에서 공 없이 놀게 한다.

공놀이를 너무 좋아해서 언제 멈출지 몰라 지쳐 떨어질 때까지 노는 개도 있다. 더운 날에는 더 심하게 지친다. 공놀이를 끝낸 후에는 물을 충분히 준다. 공원 물이 더럽거나 돌아가는 길에 목마를 것에 대비해 물병과 플라스틱 그릇을 항상 준비한다.

육식의 종말?

31

우리 개는 이따금 풀을 먹고 잠시 후에 토한다. 건강에 문제는 없는 것 같다. 고기도 계속 먹는다. 육식동물인 개가 왜 풀을 먹을까?

개는 다양한 음식을 좋아하고 약간이지만 채소도 먹는다. 사실 개는 잡식성 동물이다. 고양이 먹이가 더 맛있는지는 모르겠지만 고양이 그릇에 있는 굵은 곡식, 음식물 쓰레기, 그리고 인간이 코를 막는 온갖 것을 다 먹는다.

어떤 개는 풀을 자주 먹고 토하지도 않는다. 단지 맛있어서일 수도 있고 섬유질이 필요해서일 수도 있다. 풀은 위장이 좋지 않아 소화기관을 깨끗이 하려는 개에게 도움이 된다. 개는 풀을 거의 씹지도 않고 삼킨다. 따끔거리는 풀은 위벽을 긁어 토하게 한다. 당신 개도 이런 경우인 것 같다. 가끔 그런다면 저절로 해결될 것이다. 그러나 매일 토하고 잘 먹지 못한다면 수의사에게 진찰을 받는다. 의학적인 이유 때문일 수도 있다.

 살충제, 제초제 같은 유해물질이 없다면 풀은 개에게 나쁘지 않다. 개가 집안에서 씹을 수 있게 풀을 담은 그릇을 준비하거나 뒤뜰 한 쪽에 개를 위한 채소를 준비한다. 고기에 없는 특정한 비타민, 미네랄, 섬유질을 보충할 수 있다. 그리고 개가 먹는 밥에 콩깍지나 당근 같은 채소를 넣어 입맛을 북돋워준다.

폭풍우 공포증

나는 인디애나에 사는데 거센 폭풍우가 몰아치면 우리 개는 공황상태에 빠진다. 낑낑거리며 필사적으로 내 침대나 욕조에 숨으며 두려움에 떤다. 왜 폭풍우가 오면 이렇게 강한 반응을 보이는 걸까?

당신의 개만 그런 것이 아니다. 많은 개가 천둥이나 번개가 치기도 전에 옷장이나 침대로 파고들고 욕조로 뛰어든다. 숨기 위해 필사적으로 카펫 밑을 파고 들어가거나 무시무시한 소리에서 도망치기 위해 창문이나 문에 부딪친다. 통제할 수 없는 상황에 대한 두려움은 사람이나 동물에게 자연스러운 현상이지만 자극에 반복적으로 노출돼 두려움이 심해지면 공포증이 되기도 한다. 공포증은 상황이나 사건의 실제 위험에 비해 두려움이 너무 클 때를 말한다. 얼어붙은 길을 걷는 것을 무서워하는 것은 자연스러운 일이지만 그것 때문에 아예 집 밖에도 안 나온다면 그것은 공포증이다.

적절한 조치를 취하지 않으면 자극이 반복될수록 공포증도 심해진다. 개에게는 천둥소리, 차 소리, 바닥에 긁히는 스케이트보드 소리 등 큰 소리에 대한 공포증이 있다. 무시무시한 소리에서 벗어나려고 자신과 다른 개나 사람을 다치게 한 개도 많다.

두려움에 떠는 개를 다루는 첫 번째 단계는 갑상선 기능 저하나 쿠싱병 등 의학적 문제가 없는지 완전한 신체검사를 받는 것이다. 항불안 약물이 공포증을 가진 개에게 도움이 될 수 있지만 '앉아', '엎드려', '거기 있어' 등 기본적 복종 행동을 강화하고 폭풍우 소리에서 주의를 돌려 다른 활동에 집중하게 하는 것이 중요하다. 훈련을 할 때에는 꼭 맛있는 간식을 준다.

민감성 제거는 반대조건부여와 짝지어 활용한다. 민감성 제거 기법은 개의 자신감을 쌓기 위해 낮은 단계부터 시작한다. 특정한 큰 소리를 무서워하면 그 소리를 작게 틀어 노출시키고 차분한 행동을 칭찬한다. 음반매장이나 인터넷에서 폭풍우 소리가 담겨 있는 CD를 살 수 있다. 개가 두려움을 보이지 않으면 조금씩 소리를 크게 한다. 반대조건부여는 폭풍우 같은 자극의 존재를 먹거나 노는 것과 같은 긍정적 경험과 연관시키는 것이다. 개가 개집, 매트, 폭풍우 없는 다른 곳에 '엎드려 있도록' 한다. 이완행동을 배우면 폭풍우 중에도 안전한 장소에서 쉬도록 가르칠 수 있다.

이 방법은 인내심과 많은 시간이 필요하므로 금방 나을 것이라고 생각하지 않아야 한다. 두려워하는 개에게 소리 지르거나 때려서도 안 된다. 공포증과 불안감을 더 심화시킬 수 있기 때문이다. 개를 부드럽게 만지며 조용히 말을 걸어 안심시키되 심하게 걱정하거나 쓰다듬지 않는다. 활발하게 이야기하고 기쁜 것처럼 행동하며 간식이나 재미있는 활동으로 개의 관심을 돌린다. 폭풍우가 별 것 아니라는 것을 보여주는 것이다.

조심스럽게 훈련해도 증상이 심하면 공포증 극복을 위한 약물이 필요할 수도 있다. 처방전 없이 구매 가능한 허브, 동종 요법, 페로몬 확산기 등은 불안감의 수준을 감소시킨다. 그러나 극단적인 경우 항불안 또는 항우울 약물이 필요하다. 수의사와 상담해 약물을 선택하고 그것이 개에게 미치는 영향을 체크한다. 폭풍우 공포증을 다룰 때 수의사가 투약량을 조정하거나 다른 약물로 대체하는 것은 흔한 일이다. 한 달 이상 매일 투약해야 효과가 나타나는 약물도 있다. 다른 약물은 필요할 때만 사용한다. 최종적으로는 약물사용을 중지하는 것이 좋겠지만 평생 약물이 필요한 개도 있다. 공포증을 갖고 있는 개는 다음과 같은 행동을 보인다.

- 한 군데 얼어붙어 움직이지 않는다.
- 광적으로 왔다 갔다 한다.
- 몸을 떤다.
- 침을 많이 흘리고, 입술을 핥고, 하품을 한다.
- 도망가거나 탈출하려고 시도한다.
- 숨는다.

- 부적절하게 배설을 한다.
- 심하게 끙끙거리는 소리를 낸다.

TIP

바셋하운드, 블러드하운드, 불 마스티프, 그리고 세인트 버나드의 주인들은 언제나 충분한 양의 수건을 준비한다. 사랑스러운 이 개들은 개들 중에서도 침을 가장 많이 흘린다.

개과천선_ 렛 이야기

중성화된 18개월짜리 노퍽 테리어(Norfolk terrier) 렛은 처음엔 평범한 개였지만 2개월 동안 이상 행동을 보였다. 주인 타냐는 렛이 가만히 앉아 있지 못하고 계속해서 공기를 핥거나 상상 속의 파리를 문다고 했다. 렛은 불규칙적으로 이런 행동을 했지만 이른 저녁 시간에 특히 심해졌다. 타냐는 음식, 마사지, 산책 등으로 이따금 행동을 멈추게 했지만 결국 미친 듯한 행동이 늘어나자 내게 도움을 요청했다.

타냐의 가족은 이사 갈 준비를 하고 있었다. 일부 개들에게 꼬리잡기나 상상의 파리잡기는 부분 발작의 증상으로 나타난다. 그러나 렛의 이상 행동은 집에 나타난 변화로 더욱 심해졌다. 포장상자가 렛에게는 꽤 스트레스였던 모양이다.

렛의 불안감의 다른 원인은 같은 노퍽 테리어인 로지였다. 렛보다 나이가 어렸고 렛보다 나중에 입양되었다. 로지는 놀 때와 산책할 때 렛을 짜증나게 했다. 나는 렛이 나중에 강박 행동으로 발전할 수 있는 감정전이 행동을 보인다는 것을 알렸다.

수의사가 의학적 문제는 없다고 진단하자 우리는 렛에게 적은 양의 항불안 약물을 주는 것으로 다면적 해결책을 실행했다. 타냐는 항상 렛에게 식사, 장난감, 관심, 그리고 야외 활동의 우선권을 주어 서열이 더 높은 개는 렛이라는 것을 분명히 했다. 렛이 로지에게서 벗어나 장난감을 갖고 놀 수 있게 했고 산책과 운동을 더 많이 시켰다.

강박적 행동을 다룰 때는 먼저 원인을 살펴 그것에 대한 노출을 최소화하거나 거부감을 없애는 것이 중요하다. 이사는 피할 수 없었기 때문에 타냐는 장난감에 음식을 넣어두

거나 장난감과 간식을 땅에 묻어 파내는 것으로 렛의 관심을 돌렸다. 렛은 공기 핥기나 상상의 파리 쫓기가 아닌 간식을 찾는 것으로 에너지를 쏟게 되었다. 모든 걸 상자 안에 담고 집안을 어지르는 것이 렛에게는 스트레스였기 때문에 상자를 재미있게 만들었다. 렛이 상자 위로 뛰어 오르내리게 하고, 장갑의 올을 풀게 하고, 상자 사이에서 간식을 찾게 했다.

새로운 집으로 이사하고 렛과 로지에게 새로운 개 서열 규칙을 알려주자 강박적 행동이 줄고 부드럽고 얌전한 원래 성격으로 돌아왔다. 이것은 초기 조치로 이상 행동 증가를 막은 하나의 예다.

점프! 점프!

우리 강아지는 놀 때 웅크렸다가 몸을 비튼 다음에 다리에 스프링이라도 달린 것처럼 공중으로 뛰어올라 가장 좋아하는 장난감 위로 떨어진다. 그 다음에 장난감을 잡고 으르렁거리며 앞뒤로 흔든다. 보기엔 웃기지만 대체 무엇을 하는 걸까?

자연스러운 행동이다. 사냥을 하고 사냥감을 '죽이는' 연습을 하는 것이다. 사냥감이 동네 애완용품 상점에서 사온 푹신푹신한 햄버거라면 강아지의 재미를 굳이 망칠 필요가 있을까?

개가 뛰어 올라 장난감을 움켜잡는 것은 사냥을 하는 행위를 나타낸다. 전 세계 개과 동물은 풀과 눈 위에서 쥐나 다른 작은 동물을 사냥한다. 이런 행동은 태어난 지 5개월 정도 되면 나타나기 시작하는데 코요테와 여우 새끼는 사냥감에 접근해 뛰어올라 죽이는 어른의 행동을 따라하면서 핵심기술을 배운다. 뛰어오르는 행동은 강아지의 신체적 정신적 성장에 중요하다. 행동이 공격적으로 변하거나 장난감에 집착하지 않는다면 그냥 노는 것이라 생각하고 그 순간을 즐긴다.

공포의 계단

닥스훈트 대니는 딱 한 가지를 빼면 용감무쌍하다. 공원에서도 자기보다 큰 개에게 먼저 다가간다. 폭풍우가 쳐도 눈 하나 깜짝 안 하고 낯선 손님이 와도 너무 좋아한다. 문제는 집 밖에 있는 공포의 계단이다. 뛰어서 계단을 올라가놓고 내려가지 못해 계단 위에서 운다. 그 많던 자신감은 다 어디로 사라졌을까?

계단을 오르내리지 못하는 데에는 많은 이유가 있다. 틈새 없는 계단도 마찬가지다. 관절염이나 형성 장애 같은 의학적 이유는 아닌지 먼저 검진을 받는다. 문제는 계단 자체가 아니라 계단과 계단 사이에 있는 틈일 수도 있다. 대니는 바보가 아니다. 낭떠러지 아래를 보는 것처럼 계단 틈으로 아스팔트를 보는 것이다.

많은 개가 계단을 쉽게 올라가지만 내려가는 것을 두려워한다. 올라가는 것보다 내려가는 일이 더 서툴고 미끄러지거나 중심을 잃을 확률이 높기 때문이다. 넘어졌던 기억 때문에 어떤 상황에서도 계단을 피하려는 개도 있다. 그런 두려운 상황을 누가 반복하고 싶겠는가?

대니의 간청하는 눈을 보고 안심시키는 말을 건네며 안고 내려오기는 쉽다. 그러나 이것은 대니를 더 두렵게 만들 수 있다. 혼내는 것도 좋지 않다. 두려움에 대처하지 않고 혼자 억지로 내려오게 하는 것은 더 큰 문제를 부르고 관계도 악화시킨다.

간식을 이용한다. 한 번에 한 계단씩 시도한다. 개 비스킷 같은 평범한 간식을 첫 번째 계단에 놓고 두 번째 계단에는 닭 가슴살이나 베이컨 같은 거부할 수 없는 간식을 놓는다. 말을 하거나 밀지 말고 대니가 코와 눈으로 이 상황에 대처하도록 한다. 발로 계단을 건드릴 수 있을 정도로 용기를 내거나 맛있는 간식을 얻기 위해 한 계단 내려오면 아카데미상을 탄 것처럼 칭찬한다.

단 한 번의 훈련으로 계단 내려가기 챔피언이 될 수는 없다. 매일 몇 분씩 투자해 제일 좋은 간식을 점점 더 밑에 놓고 대니가 편하게 느끼는 공간을 확장시킨다. 훈련 중에는 자신감 있게 계단을 내려가면서 즐겁게 휘파람 불거나 노래 부른다. 계단이 그렇게 무서운 곳이 아니라는 것을 깨닫게 한다.

> **TIP**
> 터프츠 대학 동물 행동 클리닉의 소장인 니콜라스 도드먼 박사는 모든 감각에 대한 공포증 중에서도 소리에 관련된 공포증이 개들 사이에서는 1위라고 한다. 그는 애완동물 공포증에 대한 뛰어난 책을 썼는데 낯선 사람, 진공청소기, 미끄러운 바닥 등은 개에게 공포증으로 발전할 수 있다고 한다.

전화 테러리스트

잭 러셀 테리어(Jack Russell terrier)인 덱스터는 전화 테러리스트다. 전화를 할 때마다 짖고, 깽깽거리고, 무릎 위로 뛰어오르고, 장난감을 가져온다. 전에는 그것이 귀여웠지만 이젠 짜증이 난다. 왜 그러는 걸까?

잠깐만 덱스터가 되어보자. 방에는 아무도 없다. 주인은 말을 하고 있다. 자연스럽게 자신에게 말을 건다고 생각할 것이다. 그러나 이상하다. 대응하면 무시당한다. 어쨌든 관심을 끌어야 한다! 할 수 있는 모든 행동을 한다. 덱스터가 어렸을 때는 이것을 귀엽다고 생각했기 때문에 그냥 놓아둔 것이 잘못된 습관으로 굳은 것이다.

이제 덱스터는 더 이상 어린 강아지가 아니다. 귀여운 행동은 골치 아픈 것이 되었다. 덱스터가 당신의 주의를 끌려고 하는 행동을 막지 않으면 심각한 문제 행동으로 발전할 수 있다. 누가 이 집의 진짜 주인인지 덱스터가 잘못 생각할 수 있기 때문이다. 가능하면 전화를 할 때 문을 닫고 덱스터는 방 밖에 있게 한다. 덱스터와 함께 있을 때 전화가 오면 상대에게 양의를 구한 후 덱스터에게 개 껌이나 장난감을 주고 방에 들어가 문을 닫는다.

다른 방법은 통화를 하는 동안 개집에 들어가 있는 습관을 들이는 것이다. 핸드폰으로 집에 전화를 걸어 전화벨이 계속 울리게 한다. 덱스터가 조용히 있으면 칭찬하고 간식을 준다. 다음 단계는 전화벨이 울리면 자기 집으로 가게 하는 것이다. 똑바로 잘 하면 보상을 한다. 훈련은 조급하지 않게 단계적으로 한다.

장기적으로 가장 좋은 방법은 덱스터를 아예 무시하는 것이다. 처음에는 그냥 전화기에 대고 말을 한다. 덱스터가 무릎으로 뛰어오르거나 장난감을 올려놓지 못하게 선다. 등을 돌린 채 보지도 말하지도 않는다. 덱스터는 당신의 관심을 돌리려고 노력할 것이기 때문에 짜증나는 행동은 점점 심해질 것이다. 무시하는 전략이 효과를 보여 어떤 반응도 이끌어내지 못한다는 것을 덱스터가 깨닫기까지는 시간이 걸린다. 덱스터가 당신을 내버려 두고 가면 천천히 다가가 "잘 참았어"라고 말하고 간식을 준다. 잭 러셀 테리어는 미국애견협회에서 파슨 러셀이라고 불린다. 대부분의 테리어처럼 끈기 있고 창조적이기 때문이다. 덱스터가 핸드폰 통화하는 법을 모르는 것에 감사하자!

흙투성이 보물

우리 개는 뼈다귀와 가장 좋아하는 푹신한 장난감을 뒤뜰에 묻는다. 그리곤 묻었던 것을 다시 파내 집안으로 갖고 들어온다. 자신의 흙투성이 보물을 입에 물고 웃으며 꼬리를 흔든다. 뭐가 그리 좋은 걸까?

    나의 몇몇 친구도 똑같은 불평을 한다. 집에 돌아왔더니 바닥은 흙투성이 발자국으로 찍혀 있고 여기저기 더러운 장난감이 널려 있다면 누가 좋아하겠는가. 몇 천 년 전 개들은 다음 끼니를 어떻게 해결할지 몰랐다. 사냥 후 먹고 남은 것은 땅속에 묻었다가 다시 배가 고파지면 숨겨둔 장소로 돌아와 남은 음식을 파냈다. 흙은 햇빛으로부터 음식을 보호해 오랫동안 싱싱한 상태로 유지시켰다.

    개는 단지 물려받은 본능에 충실한 것이다. 당신이 매일 밥을 주지만 '배고플 때를 위해 음식을 숨겨야 한다'는 생각을 버리게 할 수는 없다. 개가 숨기는 여분의 장난감도 마찬가지다. TV 리모컨이나 지갑 등 자주 쓰는 물건을 파묻지 않는 것만으로도 감사하자! 다른 사람의 집에서는 둘 다 사라진 적이 있다!

　개는 꼭 필요한 물건이 아니라 여유분을 묻는다. 집안을 돌아다니면서 남는 개뼈다귀나 장난감을 치운다. 뼈다귀와 장난감은 한 번에 하나씩 준다. 지속적인 흥미를 위해 개뼈다귀와 장난감은 때때로 바꿔준다. 양은 제한하고 다양성을 제공해야 보물을 뒤뜰로 가져가고자 하는 욕구를 줄일 수 있다. 개가 가장 좋아하는 장소가 덜 매력적으로 보이도록 철망이나 벽돌같이 파헤치기 어려운 것들로 덮어 놓는다. 그리고 실내에서도 숨길 수 있다는 것을 알려준다. 개가 가장 좋아하는 것을 땅 속이 아닌 이불 속에 숨기는 방법을 보여준다.

TV 중독

어릴 때 나는 '래시(Lassie)'라는 프로그램을 좋아했지만 우리 집 개들은 텔레비전을 보지 않았다. 그런데 지금 내 개는 텔레비전을 본다! 왜 어떤 개는 텔레비전을 보고 어떤 개는 안 볼까? 개를 텔레비전으로 이끄는 것은 광경일까, 소리일까, 둘 다일까?

요즘 몇몇 프로그램이 질적으로 많이 떨어진 것도 사실이지만 개의 관심을 끄는 것은 프로그램 내용이 아니라 소리다. 예전 개들이 텔레비전을 보지 않았던 이유는 과거 텔레비전이 요즘 텔레비전보다 화질과 소리가 떨어졌기 때문이다.

그러나 눈부시게 발달한 기술에도 불구하고 모든 텔레비전 프로그램의 광경과 소리를 완전히 무시하는 개도 있다. 흥미도 안 보이고 소리가 나와도 별 반응을 보이지 않는다. 그러나 어떤 개는 텔레비전에서 초인종 소리, 개 짖는 소리, 소방차 소리 등이 들리면 활발해진다. 심지어 좋아하는 영화를 앉아서 주의 깊게 보는 개도 있다. 화면의 움직이는 모습을 보고 발을 내밀거나 동물 모습만 나오면 난리를 치기도 한다. 그 개는 텔레비전 속으로 뛰어들려고 해서 방에서 내보내야만 했다!

　당신의 개가 텔레비전을 본다면 개를 주제로 한 영화나 활발한 사건이 있는 프로그램을 같이 볼 수 있다. 개의 흥미를 끌기 위해 특별히 제작된 비디오나 DVD 프로그램을 살 수도 있다. 어떤 사람은 개만 두고 집을 비울 때는 익숙한 소음을 들려주기 위해 텔레비전을 틀어 놓기도 한다.

정말 너무 창피해

복서인 록키는 중성화 수술을 받았지만 아무 상관도 없는 듯하다. 집에 손님이 오면 반갑게 냄새 맡으며 다리에 대고 몸을 문지른다. 정말 너무 창피하다. 왜 이런 행동을 하며, 이 나쁜 버릇을 고칠 수 있을까?

성적으로 활발한 수컷은 자주 사람을 불쾌하게 하지만 중성화된 수컷이나 난소를 제거한 암컷도 다리나 다른 물체에 대고 몸을 문지른다. 사람은 그것을 성적인 행동으로 보지만 어떻게 해야 할지 잘 모를 때 개는 그런 행동을 하기도 한다. 로키가 그런 행동을 하는 이유는 새로 온 손님에게 자신의 힘을 보여주고 싶기 때문일 수도 있다. 중성화된 수컷과 암컷에게 성행위는 지배와 더불어 한계까지 밀어붙이는 것을 의미한다. 로키는 얼마나 자신 마음대로 행동할 수 있는지 알아보기 위해 도전하는 것이다. 이것이 점점 더 공격적인 행동으로 발전하기 전에 버릇을 고치는 것이 중요하다. 만약에 그대로 내버려 두면 으르렁거리며 물려고 할 수도 있다.

이런 행동이 주로 나타나는 시기는 도전적인 청소년기며 종에 따라 6개월에서 2년 사이다. 일반적으로 개의 크기가 작을수록 빨리 성숙한다. 록키는 행위를 하고도 용케 빠져나갈 수 있었기 때문에 물리적인 힘과 크기를 믿고 계속하는 것이다. 무리의 리더는 당신이며 다른 손님도 자신보다 서열이 높다는 것을 가르쳐야 한다.

버릇을 고치려면 시간과 인내심이 필요하다. 자신의 서열이 낮아졌다는 것을 이해시키기 위해 원하는 것을 얻으려면 노력해야 한다는 것을 깨닫게 한다. 사람을 만나기 위해서는 앉아야 하고, 음식을 먹기 위해서는 기다려야 하며, 문가에 서서 사람이 먼저 지나가기를 기다려야 한다는 것을 가르쳐야 한다. 어떤 것이 적절한 행동인지 보여주기 위해 사람을 만날 때 목줄을 묶고 그들이 올 때까지 앉아서 기다리게 한다. 줄을 밟고 서서 록키가 사람의 다리에 과도한 관심을 보이면 "멈춰"라고 말한다. 바뀌지 않으면 자만심을 줄이고 성적 충동을 억제하기 위해 수의사와 상담하여 일시적으로 항불안 약을 사용할 수도 있다.

록키가 다른 개에게도 같은 행동을 하는지 알 수 없지만 공원에 가면 이런 개들이 많다. 봄의 크기는 상관없다. 위에 있는 개가 아래 있는 개보다 작을 때도 있다. 개들은 새로운 개를 만났을 때 어떻게 행동해야 하는지 몰라서 올라타기도 한다. 올라타는 것은 대장이 누구인지 보여주는 방법이다. 야생에서 싸움을 하지 않고도 무리 중 가장 뛰어난 암컷과 자손을 생산할 수 있는 권리를 얻기 때문이다.

반대로 다른 개가 록키에게 대쉬할 수도 있다. 항상 막을 수는 없겠지만 방어적인 자세를 가르쳐 상대 개를 포기하게 만들 수는 있다. 가능하다면 앉게 한다. 앉아 있는 개는 서 있는 개보다 성행위를 하기가 쉽지 않다. 록키를 당신에게 부를 수도 있다. 자신의 몸을 이용해 개의 접근을 막거나 반대편으로 공을 던져 주의를 돌릴 수도 있다.

TIP
아프리카에서 온 바센지에게 침묵은 금이다. 이 개는 '짖지 않는 개'로 알려져 있다. 그러나 바센지가 소리를 내지 않는 것은 아니다. 요들송을 부르는 듯한 특이한 소리를 낸다.

내 꼬리 내놔

우리 개는 낮잠을 자고 일어나면 제자리에서 돌며 자신의 꼬리를 잡으려고 한다. 얼마나 잡고 싶은지 거의 미친 듯 돈다. 처음엔 신기했지만 이젠 좀 당황스럽다. 이런 행동을 하는 이유가 뭘까?

학자들도 개가 왜 꼬리를 쫓는지 확실히는 모른다. 육식동물로서 본능적으로 움직임에 반응하는 것이 아닐까 추측할 뿐이다. 꼬리의 흐릿한 움직임을 다람쥐나 토끼로 착각해 제자리에서 쫓는 것이다. 때로는 꼬리가 없는 개도 제자리에서 돈다. 너무 자주 돌지 않고, 돌더라도 몇 초 이내에 그만 두면 이상하지만 해로움은 없는 개 행동 중 하나라고 생각하라.

따분한 오후의 심심풀이로 생각할 수도 있다. 너무 심하지만 않다면 사람이 머리를 꼬거나 발을 구르거나 껌을 딱딱거리며 씹는 것 정도라고 보면 된다. 몇 시간 동안 개집에 있거나 낮잠을 자느라 쌓인 에너지를 배출하기 위해 꼬리를 쫓을 수도 있다. 꼬리잡기는 근육을 풀고 피를 잘 통하게 하는 쉬운 방법이다. 꼬리잡기가 주인의 관심을 끄는 방법이라고 생각할 수도 있다. 당신이 웃거나 박수를 치거나 간식을 준다면 개는 이것이 당신의 눈길을 끌거나 간식을 더 받을 수 있는 좋은 방법이라고 생각할 것이다.

그러나 스트레스, 불안감, 진료와 약물치료가 필요한 강박증 때문에 이런 행동을 할 수도 있다. 낮잠 후 잠깐 동안이 아니라 계속 꼬리를 잡으려 하면 좋아하는 공이나 간식으로 주의를 돌린다. 공이나 원반 물고오기 등 놀이를 하거나 냄새를 잘 맡을 수 있는 곳으로 길고 상쾌한 산책을 간다.

만성적으로 꼬리를 쫓는 개는 적절한 조치가 없으면 다칠 수도 있다. 정말로 꼬리를 잡아서 당기고 물어 다친 개도 있다. 극단적인 경우지만 먹지도 놀지도 않고 계속 돌거나 너무 많이 돌아서 지쳐 나가떨어지는 경우도 있다. 다른 종류보다 불테리어와 저먼 셰퍼드는 꼬리를 쫓는 경향이 더 크다.

꼬리를 잡거나 레이저 펜의 불빛, 그림자의 움직임을 따라가도록 부추기지 않는다. 강박관념에 사로잡힌 행동으로 발전할 수 있다.

플라스틱 러브

40

9개월 된 노란색 래브라도 리트리버인 스니커즈는 플라스틱으로 된 모든 것들을 물어뜯는다. 플라스틱 조각을 삼켜서 질식할까봐 걱정된다. 왜 이런 행동을 하고 멈추게 하려면 어떻게 해야 할까?

내 수의사 친구인 마티 베커는 래브라도 리트리버에 대해 종합적으로 이렇게 말한다. "래브라도들은 두 살까지 물어뜯고 죽을 때까지 이를 간다." 스니커즈는 이가 다 나서 간지러운 시기는 지났겠지만 선천적으로 물어뜯는 것을 좋아하는 종이므로 다른 곳에 턱을 사용하도록 해야 한다. 스니커즈는 물어뜯을 수 있는 장난감과 리모컨을 구분하지 못 하며 물어뜯을 물건을 찾아 계속 헤맬 것이다.

집안을 철저히 살펴 스니커즈를 유인할 만한 물건을 눈에 띄지 않는 곳으로 치우고 들어갈 수 있는 방을 제한한다. 래브라도 같은 종의 강아지는 신발을 물어뜯거나 나무 탁자 모서리 맛을 보려고 하기도 한다. 성장을 해서 환경을 탐험하는 시기가 왔기 때문이다.

플라스틱에 대한 집착을 버리게 하려면 고기 맛 뼈다귀나 간식을 넣은 고무 장난감을 준다. 다양한 크기, 모양, 재질로 된 뼈다귀와 장난감이 있다. 명심할 점은 놀기 위해서가 아니라 오직 물어뜯기 위해서 나온 물건을 주는 것이다.

개집 훈련을 시켜 당신이 스니커즈를 관리하지 못할 때 환경을 통제하는 것이 좋을 것 같다. 매일 하는 정기적인 운동도 플라스틱에 대한 집착을 줄일 수 있다. 쉽고 빠른 해결책은 플라스틱으로 만든 밥그릇과 물그릇을 자기나 스테인리스 스틸로 만든 것으로 바꾸는 것이다. 이런 재질은 물기 어렵고 음식의 향도 남지 않는다.

스니커즈가 좋아하는 물건을 치울 수 없다면 콜로신스 스프레이를 뿌리거나 카옌 고추 가루를 뿌린다. 부적절한 물건을 입에 넣으면 손뼉을 치거나 큰소리를 내며 "내려놔"라고 말해서 놀라게 한다. 좀 더 적당한 물건을 입에 넣게 하고 칭찬을 해주면 '내려놔' 명령을 강화할 수 있다. 허용된 물건만 물어뜯는 것을 칭찬해 부적절한 물건을 물어뜯지 않게 하는 것이 중요하다.

혼내거나 목덜미를 잡지 않는다. 이런 형태의 벌은 당신이 무엇을 원하는지 이해시키지 못하고 불안감을 키우거나 신뢰감을 잃게 한다.

TIP

플라스틱이나 먹을 수 없는 재질을 찾는 개는 이식증(異食症)이라 불리는 상태일 수도 있다. 대개 심리적인 문제인데 자갈, 고무줄, 양말, 나무판자, 그리고 심지어는 철을 먹는 개도 있다. 잘못하면 이빨을 손상시킬 뿐만 아니라 내장을 막아서 수술이 필요할 수도 있다. 당신의 개가 이상한 물건을 정기적으로 먹는다면 수의사를 찾아가 해결책을 의논하라. 이것은 확실히 치료가 필요한 문제다.

아무데서나 잘 수 없어

11살짜리 잡종 메이지는 낮잠을 자기 전 '눕기 전에 몇 바퀴 도는' 고전적인 개의 행동을 한다. 때로는 소파 덮개나 복도 융단을 엉망으로 구긴다. 아무 데서나 잘 수 없다는 듯 자신의 잠자리를 실컷 파고 물어뜯고 울퉁불퉁하게 만들고는 그 위에 눕지 않는다! 잠자는 것보다 구기고 파는 것을 더 좋아한다는 생각이 든다. 왜 이런 짓을 하는 걸까?

원을 돌고, 파고, 천을 구기는 것은 선조에게 물려받은 본능이다. 야생의 개들은 동굴을 찾지 못하면 야외에서 자야만 했다. 메이지의 조상은 온기와 보호를 위해 서로 모여 웅크리고 잠을 잤다. 제자리에서 원을 그리며 도는 행동은 서로 가까이 있으면서도 모두를 위한 공간을 만들기 위한 것이었다. 땅을 파고 풀이나 다른 식물을 넘어뜨려 필요한 공간보다 더 크게 만들었다. 이유는? 습격자를 속이기 위해서였다. 둥지가 크면 습격자는 다른 곳으로 가 더 작고 약한 동물을 사냥할 테니까.

메이지는 안전한 둥지를 만들 필요가 없으므로 이불을 긁고 파거나 복도의 융단을 구기는 것은 단지 더 편한 잠자리를 만들기 위해서인 것 같다. 사람이 자기 전에 베개나 이불을 갖고 법석을 떠는 것과 마찬가지다. 물건을 납작하게 하거나 부풀려도 그곳이 잠자리로 적합하지 않다고 결정하면 더 편하고 적당한 장소를 찾아 떠나는 것이다.

Chapter 4

습관의 힘

습관이 나쁜 개와 사는 것은 누구도 즐겁지 않다.
개에게도 역시 즐거운 일은 아니다. 개의 습성을 연구해
강아지를 매너 좋은 개로 키우는 방법과 이미 다 커버린 개에게도
좋은 습관을 가르치는 방법을 알아본다.

훈련 수업에 집중하기

새로운 강아지 해피와 함께 살게 되어 복종 훈련 수업에 등록했다. 그러나 해피는 수업에 전혀 집중하지 않는다! 다른 강아지에게 뛰어가 간식을 빼앗거나 다른 주인의 무릎 위로 뛰어 올라가기도 한다. 해피의 넘치는 에너지를 통제할 방법이 있을까?

우선 강아지를 위한 수업에 등록한 일을 칭찬해주고 싶다. 강아지나 새로 주인을 만난 다 큰 개나 보상을 기반으로 한 훈련 수업을 받는 것이 좋다. 수업에서 해피는 단순히 오고 앉고 기다리라는 명령만 배우는 게 아니라 더 많은 것을 배운다. 수업은 당신과 해피가 유대감을 느낄 수 있는 좋은 기회다. 다른 개들과 사람들이 함께 있기 때문에 개가 가져야 할 에티켓도 배울 수 있다. 어떤 개는 보면서 배우기 때문에 올바른 행동을 하면 보상을 받는다는 것을 보여주는 수업은 좋은 동기가 된다. 수업에서 배운 것은 주인에게도 도움이 된다.

걱정하지 않아도 된다. 당신과 해피는 수업에서 낙제하지 않을 것이다. 아이들과 마찬가지로 개성적인 해피에게도 정신적 신체적으로 많은 일이 벌어지고 있다. 해피는 단지 쉽게 주의가 흐트러지고 아직 본능을 억제하는 능력이 없을 뿐이다. 그러니 해피가 규칙을 이해할 때까지 행동에 한계를 정해주기만 하면 된다. 무사히 수료증을 받을 수 있는 몇 가지 숨겨진 비법을 제시하겠다.

- **강아지와 산책한다.** 수업에 들어가기 전 20~30분 정도 산책을 하면 억눌렸던 에너지와 흥분을 가라앉힐 수 있다.
- **수업 시작 10분 전에 도착한다.** 다른 강아지들과 주인들을 만나고 싶어 할 수도 있으므로 10분 전에 도착해 이런 욕구를 충족시킨다. 강아지를 위한 수업 중 상당수는 사회성 키우기를 목표로 한다. 그렇지 않은 수업의 경우 '미리 만나 인사하기' 과정은 강아지의 흥분을 조절해준다.
- **수업 전에는 먹이지 않는다.** 수업 시간에 따라 수업이 끝난 뒤 밥을 준다. 또는 수업 시작 전에 먹는 양의 반만 주고 나머지는 수업이 끝난 후 주는 것도 괜찮다. 배고픈 강아지는 간식을 주는 훈련에 더욱 열의를 보이기 때문이다. 수업 전에 먹이지 않으면 수업 중 급하게 화장실에 데리고 갈 필요도 없다.
- **손을 비워 놓는다.** 물건은 미리 보관함에 넣고 자동차 열쇠는 벨트에 끼워놓거나 주머니에 숨긴다. 목줄을 잘 통제하고,

간식을 주고, 명확한 손동작을 보여주기 위해서는 손에 들고 있는 것이 없어야 한다.

- **편안한 평상복을 입는다.** 잔디에서 활동할 때 풀의 얼룩이나 진흙이 무릎에 묻을 수도 있다. 생기발랄한 강아지가 옷을 찢거나 긁는 경우는 말할 것도 없다. 운동화나 굽이 낮은 신발을 신는다. 바닥에 미끄럼 방지가 되어 있는 편한 신발도 좋다.

- **선글라스를 끼지 않는다.** 수업이 낮에 있으면 선글라스 대신 얼굴을 감싸는 마스크나 야구 모자로 햇빛을 차단한다. 강아지가 지시사항을 이해하려면 당신의 눈을 보아야 하기 때문이다.

- **간식은 조금만 준다.** 보상으로 간식을 주고 싶다면 몇 초간 맛보이는 것으로 충분하다. 강아지는 집중 시간이 짧기 때문에 초반에는 작은 성공이라도 매번 간식을 주는 것이 좋다. 작은 간식도 주지 않고 강아지가 모든 일을 완벽하게 해내길 바라서는 안 된다.

- **용감해진다.** 바보 같은 질문이라고 생각해도 일단 묻는다. 강아지가 화장지를 갈기갈기 찢거나 자기 물그릇에 들어가 첨벙이는 등 이상한 행동을 하는 것을 발견했다면 물어본다. 부끄러워 묻지 못하고 있던 다른 주인들과 이런 것들을 공유할 수 있을 것이다.

- **목줄을 매어둔다.** 조련사가 지시할 경우를 제외하고는 목줄을

매어둔다. 주위 공간을 확보해 당신의 시끄러운 강아지가 다른 강아지들에게 닿을 수 없도록 한다.

- **목소리를 조절한다.** 메시지를 잘 전달하기 위해서는 상황에 따라 목소리 음색을 조절하는 것이 좋다. 훈련을 잘 따라오면 '쾌활하고 즐거운' 목소리로 말하고 잘 따라오지 못하면 '낮고 엄숙한' 목소리로 말한다.

말괄량이 길들이기

애비는 리트리버 잡종인데 내 말을 진짜 안 듣는다. 같이 사는 고양이를 뒤쫓고 손님에게 뛰어오르며 정원의 꽃을 망가뜨린다. 심지어는 음식을 훔치려고 한 적도 있다. 애비에게 화를 내는 것이 정말 싫지만 가끔 너무 화가 나면 소리를 지르고 만다. 그럴 때마다 기분은 좋지 않고 죄책감도 느낀다. 매번 안 돼, 안 돼, 라고 말하는 것에 지쳤다. 도움이 필요하다.

자신에게 가혹해지지 말자. 가장 존경받는 전문적인 개 조련사들도 매번 성공하지는 않는다. 인간이기 때문에 당연히 실수할 수 있다. 애비가 겪는 문제는 다른 덩치 큰 개들도 많이 겪는 문제다. 큰 개는 작은 개보다 더 오래 시간이 걸린다. 한 살 정도부터 성인이라 볼 수 있는 요크셔테리어에 비해 골든 리트리버나 래브라도는 완전하게 '성숙해지는' 데 2년이나 3년 정도가 걸린다.

애비를 길들이기 위해서는 좋은 행동을 하도록 격려하는 것이 중요하다. 나쁜 행동을 혼내기보다 주어진 명령에 따르거나 완벽하게 해냈을 때 상을 준다. 뛰거나 씹고 싶은 개의 욕구를 충족시켜 줄 적절한 분출구를 마련하는 것도 중요하다. 수년간 나는 훈련 중 흔하게 생기는 실수를 봐왔다. 여기서 실수를 피하는 몇 가지 방법을 제시하면 다음과 같다.

첫째, 말썽꾸러기 대하듯 하지 말고 똑똑한 아이를 대하듯 한다. 목소리를 높이거나 꾸짖을 필요는 없다. 다정하고 믿음직스러운 목소리로 말한다. 훈련 중 참지 못하고 화를 내면 애비는 당신의 걱정을 알아차리고 훈련은 실패할 것이다. 긍정적 강화 기술을 효과적으로 사용하는 선생님이 개의 존경을 얻는다. 인내심을 지니고 애비에게 자신감을 가르치면 사랑과 충성을 받을 것이다.

둘째, 끝까지 훈련을 따라오게 하려면 정신이 분산되지 않도록 한다. 차분하게 훈련할 수 있는 시간과 장소를 고른다. 이름을 부르는 것으로 시작해 매번 눈을 맞출 때마다 상을 준다. 애비가 자신의 이름을 알아듣는다고 생각하면 눈을 더 오래 맞추기 위해 '나를 봐'라는 문장을 가르친다. 손에 작은 간식을 올려놓고 "나를 봐"라고 말하면서 천천히 손가락을 얼굴 쪽으로 옮긴다. 애비가 당신을 2초 이상 쳐다보면 간식을 준다. 집중하면 간식을 먹는다는 것을 배우면 다음 지시를 기다릴 것이다.

셋째, 같은 단어를 사용한다. '앉아', '누워', '기다려', '이리와' 같은 단어에 어떤 동작을 시킬지 미리 정한다. 그리고 일관되게 사용한다. 첫 번째 훈련에서 "기다려"라고 하고 두 번째 훈련에서 "움직이지 마"라고 하면 혼란을 줄 수 있다. 명령을 할 때 같은 단어를 사용하면 애비는 결국 이해할 것이다.

넷째, 훈련은 짧게 한다. 애비가 집중력이 강한 개가 아니라면 훈련 시간은 10분 이내로 한다. 짧은 훈련 시간은 바쁜 당신에게도 좋을 것이다. 출근하기 전이나 힘든 일상을 마치고 돌아와서라도 10분 정도는 낼 수 있기 때문이다.

다섯째, 라스베가스를 생각한다. 도박사는 잭 팟을 터뜨려 거액을 탈 수 있기에 슬롯머신에 매료된다. 하지만 매번 손잡이를 돌릴 때마다 당첨되는 것은 아니다. 심리학자들은 이것을 간헐강화 혹은 부분강화라고 부른다. 이 이론은 애비에게도 적용된다. 애비에게 기본 명령을 가르칠 때 가끔 간식을 주면 온순하게 만들 수 있다. 언제 간식을 받을지 추측하게 하면 애비는 맛있는 잭 팟이 나오길 기다리며 열심히 훈련할 것이다. 이건 사실이다. 돈을 걸어도 좋다!

마지막으로 길에서 훈련한다. 거실에서는 완벽할지 모르지만 공원에서는 '개구쟁이 데니스'에 나오는 개처럼 변할지 모른다. 주변에 방해 요소가 아무리 많아도 어디에서나 당신 말을 들어야 한다는 것을 가르친다. 한정된 집 안에서 성공했다면 조금씩 다른 환경으로 이동한다. 차츰 단계를 밟으면 반드시 성공할 것이다.

가장 효과가 뛰어난 훈련법은 '삶에는 공짜가 없다(Nothing in Life Is Free – NILIF)'이다. NILIF 훈련법과 함께라면 개는 당신의 지시를 따르고 당신은 개를 못살게 굴거나 물리적 힘을 사용하지 않아도 된다.

이 훈련법은 당신의 통솔력을 키운다. 동시에 개의 모든 자원을 통제해 개가 당신을 존경하도록 한다. 예를 들면 개가 응석을 부리거나 자기 밥그릇을 함부로 가져가면 무엇을 어떻게 해야 할지 당신이 정한다. 노는 시간을 끝내는 것도 당신이고 쓰다듬거나 몸단장을 시작하는 것도 당신이다.

개를 통제하면 당신의 지위는 올라간다. 나는 특히 긍정적인 훈련법을 좋아한다. 이 방법은 넓은 범위에 적용된다. 부끄러워하거나 주의가 산만하거나 버릇이 없거나 성격이 다양한 모든 개에게 적용할 수 있다. 부끄러움을 많이 타는 개는 용기를 얻고 주의가 산만한 개는 집중력과 참을성을 기르며 버릇없는 개는 예절을 배운다.

어떻게 NILIF 훈련법이 효과를 내는지 알아보자. 개가 당신에게 관심을 요구하면 무시하는 것으로 시작한다. 발로 긁거나 짖거나 놀아달라며 장난감을 가져와도 무시한다. 한 마디도 하지 않거나 개를 다른 곳으로 데려다 놓는다. 개가 보이지 않는 것처럼 행동한다. 이것은 잔인하고 무례한 주인이 되려고 하는 일이 아니다. 개가 원할 때마다 주인에게 관심을 요구해서는 안 된다는 사실을 알려주는 것이다. 어느 순간 개는 집을 지배하는 것은 자기가 아니라 주인이라는 것을 알게 된다.

TIP

유의점 하나. 개의 바람직하지 않은 행동이 늘 수 있다. 예전에는 자신의 응석이나 방법이 통했기 때문에 심하게 저항할 것이다. 그러나 굴복하면 안 된다!

새로운 규칙을 정하면 가족 모두 참여한다. 이제부터는 개가 올바른 행동을 했을 때만 간식, 칭찬, 놀이시간 등을 준다고 알린다. 식사시간에는 그릇을 내려놓을 때까지 '앉아서 기다리게' 한다. 공놀이 등 개가 가장 좋아하는 놀이를 할 때는 공을 다시 던지기 전에 '엎드려' 기다리게 한다. 놀이가 끝나면 "끝났어"라고 말하고 공을 집어 닿지 않는 곳에 둔다. 차분히 말하고 돌아서면 된다. 성공 비결은 일관성이다. 산책을 위해 문 앞에 설 때는 주인이 자신보다 먼저 나가고 들어오는 존재라는 것을 확실히 알려준다. 간식을 얻기 전에 주인이 요구하는 것을 먼저 해야 한다.

NILF 훈련법의 핵심은 집안 서열을 정하고 당신이 첫 번째라는 것을 알려주는 것이다. 이것은 비열한 것이 아니라 인생의 진리다. NIFL 훈련법은 개의 입장에서는 '부탁해요'를 배우는 시간이다. 시간이 지나면 당신을 '자신에게 모든 것을 주는 멋진 사람'으로 볼 것이다. 개가 이런 명확성을 얼마나 좋아하고 지시에 잘 따르는지 알게 되면 놀라는 쪽은 아마 당신일 것이다.

제발, 이리 왜!

44

개가 내게 오는 것을 가르치는 일은 정말 쉬울 거라고 생각했다. 하지만 내 생각은 틀렸다! 히긴스는 6개월 된 잡종인데 갈수록 상황이 나빠지고 있다. 공원에서 집으로 돌아갈 때가 되면 줄을 매기 위해 히긴스를 쫓아 다녀야 한다. 히긴스가 와도 결국 화가 나서 소리를 지른다. 내가 부르면 히긴스가 오게 할 수 있을까?

개에게 사용하는 필수 명령어가 세 개 있다. 이리 와, 앉아, 기다려다. 이 명령어는 개의 생명도 구한다. 고양이를 잡으러 혼잡한 찻길로 뛰어들다가도 "이리 와"라는 한 마디면 돌아올 것이다. 훈련을 잘 받았어도 자신이 좋아하는 냄새를 따라가느라 명령을 무시하는 개도 있지만 히긴스는 처음 있던 곳에서 주인에게 돌아오는 법을 배우지 못한 것 같다. 히긴스가 주위를 자유롭게 뛰어다닐 때는 당신이 무엇을 원하는지 모르며 알고 싶어 하지도 않는다. 히긴스는 사람으로 치면 막 인생이라는 무대에 들어온 십대와 같기 때문에 모든 것을 시험해보고 권위에 도전하려 한다. 당신이 주인이고 책임자라는 사실을 가르칠 필요가 있다.

당신이 '이리 와'라는 말을 너무 자주 쓰면 그 말은 의미 없는 말이 된다. 개가 무시하는 지시를 자꾸 반복하면 개는 아무것도 할 필요가 없다는 사실만 배운다. 어떤 개는 주인이 '이리 와'라는 말을 12번이나 하도록 한 뒤에야 뛰는 것을 멈추고 고개를 돌린다. 또 어떤 개는 '이리 와'라는 말을 '주인이 나를 와서 잡을 때까지 계속 뛰어다니고 킁킁거려도 된다'는 의미로 받아들인다.

히긴스에게 같은 말을 너무 많이 하지는 않았는가? 이것은 주인이 쉽게 저지르는 실수 중 하나다. 한 가지 명령을 골라 지속적으로 사용해야 한다. 만약 당신이 히긴스를 부를 때 "어이 히긴스, 난 네가 여기로 지금 당장 왔으면 좋겠는데, 농담 아니야, 히긴스, 진짜라니까, 히긴스 어서 이리로 와"라는 식으로 부르면 히긴스는 이 소리를 "히긴스, 어쩌고, 저쩌고, 어쩌고"라고 듣는다. 부름에 응답할 수가 없다. 소통이 되지 않는 것이다.

당신이 부를 때 히긴스가 오도록 하는 방법에는 여러 가지가 있지만 내가 제일 좋아하는 세 가지 방법을 말하겠다. 이 훈련 방법은 주변을 산만하게 하거나 도망칠 곳이 없는 장소에서 하는 것이 좋다. 당신에게 집중하게 만들어야 한다.

- **방법 A** – 당신의 태도와 목소리를 바꾼다. 당신이 한 말에 따르면 히긴스가 와도 혼낸다고 했다. 물론 개가 말을 안 들으면 화가 난다. 하지만 그런 화난 목소리 때문에 히긴스는

'이리 와'를 징계와 연결해 생각한다. 혼날 것을 아는데 히긴스가 왜 돌아오겠는가? 히긴스를 돌아오게 만들기 위해서 새로운 단어를 사용한다. '여기로'나 '지금'도 좋고 '안녕'도 괜찮다. 내가 전에 키우던 강아지 재즈가 '이리 와'에 따르지 않았을 때 '안녕'을 썼다. 간단히 '안녕'이라고 말하고 등을 돌린 후 반대 방향으로 걸어갔다. 그러면 재즈는 재빠르게 내 곁으로 왔다. 상냥한 목소리로 새로운 훈련을 시키면 히긴스는 즐겁게 당신 곁으로 돌아올 것이다.

- **방법 B** - 히긴스를 부르는 행위를 아이들의 놀이 숨바꼭질처럼 만든다. 집 안에서 가족이나 친구들에게 히긴스의 목줄을 잡고 있어달라고 부탁하고 당신은 히긴스가 볼 수 없는 방으로 달려간다. 그리고 쾌활하고 행복한 목소리로 "히긴스, 이리 와"라고 히긴스를 부르고 나면 목줄을 놓아달라고 한다. 히긴스가 당신을 찾아내는 즉시 간식을 주면서 "그렇지!"라고 말하고 이 놀이를 다른 방에서 계속한다. 히긴스와 함께 즐거운 시간을 보낼 수 있을 것이다.

- **방법 C** - 술래잡기를 한다. 히긴스의 등을 가볍게 치면서 "히긴스, 네가 술래야"라고 말한 뒤 뛰어간다. 히긴스가 당신을 쫓아 도착하면 칭찬을 하고 간식을 준다. 만약 히긴스가 당신을 따라오지 않으면 몇 발자국 물러나 등을 돌리고 서서 몸을 구부린다. 잔디나 카펫 섬유를 세상에서 가장 신

기한 것처럼 보고 있으면 호기심을 보일 것이다. 히긴스는 무엇이 당신의 마음을 그렇게 빼앗았는지 궁금해서 달려올 것이다. 그러면 다시 칭찬을 하고 간식을 준다. 목표는 개가 다른 길로 가지 않고 당신을 따라오게 만드는 것이다.

주위를 산만하게 하는 요소가 적은 한정된 공간에서 이 세 가지 놀이를 연습한다. 차에 치일 수도 있는 도로 근처나 개방된 장소에서 히긴스가 이곳저곳을 뛰어 다니지 못하게 한다. 훈련이 끝나면 항상 좋은 말을 해준다. 히긴스가 빨리 돌아오면 칭찬을 하고 간식을 주며 계속한다. 당신이 부를 때 지속적으로 돌아오면 뒤뜰이나 공원에서 다른 개와 있을 때 시험한다. 이렇게 단계별로 히긴스를 훈련시키면 개들이 많은 곳에서도 당신에게 돌아올 것이다.

소파홀릭

비글인 페피는 너무 예쁘지만 내가 외출할 때마다 소파에 올라간다. 소파 사이에 털이 끼어 청소가 불가능할 정도다. 곧 새 소파를 살 예정인데 그 전에 페피의 소파에 대한 집착을 없애고 싶다. 어떻게 하면 좋을까?

분별력 있는 현명한 페피는 지겨운 맨바닥을 피해 편안한 소파를 잠자리로 택했다. 하지만 그곳은 당신 집이고 페피는 규칙에 따라야 한다. 첫째, 페피의 장소를 정한다. 편안한 애견용 침대를 사주고 그 침대를 페피가 여전히 가족의 일부라고 느낄 수 있는 곳에 놓는다. 당신이 집에 있을 때는 그 침대에 페피를 눕게 하고 그곳에서 시간을 보내면 상을 준다. 개를 위한 가구 종류는 최근 무척 다양해졌다. 수수한 것부터 우아한 것까지 종류가 많으니 당신의 새 소파와 어울리는 멋진 애견용 가구를 구할 수 있다. 원한다면 페피를 위한 작은 애견용 소파도 구할 수 있을 것이다.

우선 당신 소파에서 불편함을 느끼게 한다. 외출을 할 때는 물건을 쌓아놓아 낮잠 시간이 만족스럽지 못하도록 한다. 플라스틱 카펫 러너를 뒤집어 딱딱하고 우둘투둘한 부분이 위로 오게 해서 소파의 앉는 자리와 기대는 곳에 깔아 놓는다. 당신이 나가자마자 소파에 올라가려고 해도 올라갈 공간이 없게 만든다.

유혹 무시하기

함께 사는 어머니는 연세가 많고 심장약과 고혈압 약을 복용한다. 어머니가 실수로 약을 바닥에 떨어뜨려 퍼그인 페블스가 그것을 먹고 아플까봐 걱정된다. 페블스는 언제나 코를 바닥에 박고 킁킁거리며 먹을 것이 없나 찾는다. 먹어서는 안 되는 것에 대한 유혹을 무시하도록 가르치는 방법이 있을까?

페블스가 약을 음식으로 착각해 먹을까봐 걱정하는 것은 당연하다. 퍼그는 몸집이 작기 때문에 인간이 먹는 약을 먹으면 아프거나 심지어는 죽을 수도 있다. 하지만 코와 입으로 물건을 탐구하는 것은 개의 천성이다. 개는 손가락이 없기 때문에 관심을 끄는 물건을 집어서 관찰할 수가 없다. 대신 냄새를 맡고 먹는다.

안전을 위해 페블스에게 '내버려 둬'와 '내려 놔'를 가르치는 것이 좋겠다. 이 두 가지 명령은 함께 효과를 발휘하기 때문에 개의 안전을 위한 명콤비다. 페블스가 이미 입에 리모컨이나 알약을 물고 있을 때 이 명령은 효과적일 것이다.

먼저 줄을 맨 뒤 주위를 산만하게 할 요소가 없는 조용한 방에서 훈련을 시작한다. '내버려 둬'를 먼저 가르친다. 입으로 물건을 가져가기 전에 멈추게 하는 것이 목표다. 손에 간식을 놓고 주먹을 쥔다. 페블스 모르게 두 번째 간식을 근처에 숨겨둔다. 냄새를 맡으면 손을 핥고 발로 건드리며 간식을 달라고 할 것이다. 참도록 연습한다. 페블스가 간식을 잡은 손을 건드리는 것을 멈출 때까지 기다린다. 그리고 숨겨둔 간식을 준다. 이 과정은 페블스가 '내버려 둬'를 따르면 좋은 것을 얻게 된다는 사실을 알 때까지 계속한다.

여기까지 페블스가 따라왔다면 배당금을 조금 높여도 되겠다. 줄을 매어두고 두 종류 간식을 가져온다. 하나는 평범한 것으로 다른 하나는 맛있는 것으로 준비한다. 평범한 간식 한두 조각을 바로 페블스 앞에 놓고 "내버려 둬"라고 말한다. 필요하면 줄을 당겨 제지시킨다. 간식의 유혹을 무시하면 더 맛있는 간식을 주고 칭찬한다. 산책 중에도 계속 연습한다.

다음엔 '내려 놔'를 가르친다. 페블스가 별로 좋아하지 않는 장난감으로 유인한 뒤 입에 물고 몇 분 정도 놀게 한다. 그런 뒤 제일 좋아하는 장난감이나 맛있는 간식을 보인다. 페블스가 입을 여는 즉시 "내려 놔"라고 말한다. '내려 놔'라는 말과 함께 입에서 장난감을 뺄 수도 있다. 페블스가 장난감을 내려놓고 당신에게 와서 간식을 가져가면 칭찬한다. 페블스가 더 좋아하는 물건으로 바꿔가면서 여러 물건을 이용해 '내려 놔'라는 지시를 이해하도록 한다.

내 이웃인 플로의 예를 들어 이 명령이 얼마나 유용한지 알려주겠다. 그의 강아지는 미니어처 슈나우저인 버디인데 집안 물건을 가져다 자기 침대에 숨기는 것을 좋아했다. 버디에게는 그것이 놀이였겠지만 플로에게는 범죄였다. 하루는 플로가 실수로 보청기를 작은 탁자 위에다 놓았는데 버디가 재빠르게 보청기를 가지고 달아났다. 플로는 버디를 뒤쫓는 대신 조용하게 "내려 놔"라고 말했고 버디는 즉시 보청기를 내려놓고 앉았다. 보청기는 부서지지 않았고 버디는 특별 간식으로 상을 받았다. 보청기를 가지고 도망가지 않고 '내려 놔' 명령에 따른 것이다.

마지막으로 당신이 개를 쫓을 때 긴급한 목소리로 "내려 놔"라고 소리치지 말아야 한다. 당신이 화가 났고 감정적이라는 것을 알면 페블스는 당신의 물건을 삼키거나 숨기기 위해 도망갈 것이다. 화가 나도 조용히 말하고 물건을 받고 나면 보상해주는 것이 중요하다.

개집 물려주기

우리 집 강아지는 슈나우저와 푸들의 잡종으로 이름은 글래디스다. 글래디스의 친구로 골든 리트리버와 푸들의 잡종인 제이크를 데려올 예정이다. 글래디스의 개집을 제이크의 것으로 바꿔 주고 싶은데 어떻게 하면 자기 구역을 잃는다고 생각하거나 화내는 일 없이 개집을 물려줄 수 있을까?

나는 개집 훈련을 좋아한다. 개는 자기 구역을 가지는 동물이지만 우리에게 많은 것을 요구하지 않는다. 주인에게 침실이나 깃털베개를 요구하지도 않는다. 오직 바라고 원하는 것은 집안에 있는 자기만의 조용한 장소다. 글래디스의 개집을 새로운 강아지에게 물려주는 것도 좋은 생각이지만 제이크를 위한 집을 살 것을 추천한다. 제이크는 큰 개다. 글래디스의 집이 아주 크지 않다면 제이크는 집보다 커질 것이다. 더욱 중요한 이유는 글래디스가 자기 집을 좋아하고 보금자리로 정착해 사용하고 있다면 글래디스에게 현재 집을 그대로 사용하게 하고 제이크에게는 다른 장소를 주어야 문제가 생기는 것을 피할 수 있다.

여행을 가거나 이사를 할 경우에도 편리하다. 글래디스와 제이크를 각각의 집에 넣어 안전하게 옮기고 임시 거주지로 사용하게 할 수 있다. 자동차 안에 개집을 놓고 사용하면 급하게 커브를 돌거나 급정거 할 때 개들이 다치는 것을 막아준다.

　　하지만 당신이 여전히 개집이 두 개 있는 것이 싫다면 글래디스가 기쁘게 물려주게 할 방법이 있다. 제이크를 데려오기 전 글래디스에게 새로운 애견용 침대를 선물한다. 침대는 편안해야 하고 지금 개집이 있는 장소에 놓아야 한다. 글래디스는 집 안에서 이 구역을 자기만의 공간이라 생각했을 것이다. 새로운 침대에서 시간을 보내면 간식을 준다.

　　그런 뒤 개집을 항균성 세제로 구석구석 닦고 완전히 말린다. 오줌 냄새가 나는 암모니아 성분이 함유된 세제는 사용하지 않는다. 제이크가 오기 전 글래디스의 시야에서 개집을 며칠 정도 치워 개집에 대한 기억을 잊게 만든다. 그런 뒤 제이크를 위해 집안 다른 장소에 개집을 놓으면 된다. 글래디스의 냄새가 배어 있지 않은 새로운 잠자리를 줘야 한다. 어린 강아지는 모든 것을 씹기 때문에 낡은 수건을 깨끗하게 빨아 잠자리를 마련한다. 그런 후 제이크가 씹는 것을 멈출 때 쯤 새로운 침대를 주면 된다.

　　제이크가 개집 적응 훈련을 할 때 글래디스가 방해하지 못하게 한다. 글래디스의 새 침대에 제일 좋아하는 장난감이나 간식을 놓는다. 글래디스에게 "가서 잡아"라고 말하고 그렇게 하면 칭찬을 한 뒤 제이크를 훈련시키는 동안 '앉아' 있거나 '기다리게' 한다. 글래디스가 자기 침대로 갈 때마다 칭찬한다. 새로운 침대를 멋지게 만들어 주는 것이 좋다. 개들의 부동산 용어가 있다면 백만 달러짜리 맨션처럼 보이게 한다.

글래디스 입장에서는 주인이 제이크와 개집 적응 훈련을 하는 동안 훌륭하게 앉아 있는 것이 힘들 수 있다. 다른 방이나 울타리가 있는 뜰로 보내 가장 좋아하는 씹는 장난감을 가지고 놀게 하거나 산책을 오래 한다. 글래디스는 피곤해서 방해하기보다 낮잠을 잘 것이다. 글래디스와 1 대 1로 반드시 함께 시간을 보낸다. 제이크가 개집에서 낮잠 잘 때 글래디스와 즐거운 산책을 하거나 뒷마당에서 함께 논다.

다음은 당신의 강아지가 개집을 멋진 장소로 여기게끔 하는 방법이다.

- 개집은 개가 일어서서 쉽게 돌 수 있을 정도의 크기로 고른다. 완전히 컸을 때를 대비해 좀 큰 것을 샀다면 강아지가 클 때까지 칸막이를 넣어둔다.
- 강아지가 자기 집을 자세히 **살펴보도록 한다**. 장난감을 던져놓거나 간식을 안에 넣어 호기심을 자극한다.
- 개집 안에서 밥을 먹인다. 강아지가 밥을 먹을 때는 조용히 문을 닫고 식사를 끝내면 문을 열어준다. 소변이나 대변도 안에

서 보게 한다.
- 수건이나 담요 같은 것으로 개집 안을 편안하게 만든다. 안에 들어가 있도록 씹는 장난감을 넣어도 좋다.
- 개집에 가두는 벌을 주지 않는다. 좋지 않은 행동을 멈추기 위해 잠시 가둘 곳을 찾는다면 욕실과 같은 다른 장소가 좋다.
- 한 번에 네다섯 시간 이상 개를 개집에 두지 않는다.

으르렁거리는 습관 고치기

우리 집 스코티시 테리어 미미는 장난감이나 갖고 놀던 양말을 뺏으면 으르렁거린다. 처음엔 귀엽다고 생각했지만 한 살이 다 된 지금은 위협적으로 느껴진다. 미미는 사람을 물지 않지만 이 소리는 심각하게 들린다. 그만두게 하려면 어떻게 해야 할까?

갖고 놀던 장난감을 뺏으려 할 때 당신을 막거나, 양말을 빼앗아 도망가는 미미가 즐거워 보이겠지만 이것은 매우 나쁜 습관이다. 이 상태로 훈련시키지 않고 그대로 두면 미미는 자신을 집안의 리더로 생각한다. 그래서 으르렁거리며 달려들고 심한 경우 자신에게 도전하는 사람을 물 수도 있다.

이런 반항은 신체적, 사회적으로 성숙해지는 12개월에서 24개월 사이에 나타난다. 주인에게 반항하는 것을 제지하지 않으면 점점 다루기 힘들어진다. 못된 행동이 계속되면서 주인은 절망하고 두려워한다. 지금이 바로 단호하고 공정하게 지속적인 태도를 보일 때다. 미미에게 너무 많은 애정을 쏟고, 노력하지 않아도 아무 때나 간식을 주고, 집안을 자유롭게 돌아다니게 하는 것은 미미의 나쁜 행동을 강화시킨다. 미미는 당신의 이런 행동을 자신의 못된 행동에 대한 보상이라고 생각하기 때문이다.

당신은 미미에게 '영향력이 큰 사람'이 되어야 하고 미미는 '겸손한 강아지'가 되어야 한다. 으르렁거리는 미미에게 으르렁거리며 맞서는 대신 미미가 우러러볼 수 있도록 자애로운 주인이 되어야 한다. 미미가 반항하는 기미를 보이면 조용히 욕실에 가둬둔다. 5분 정도의 문을 닫고 미미 혼자 둔다. 문을 다시 열면 30초 정도 미미를 무시한다. 가장 강력한 처벌은 쫓아내고 애정을 보이지 않는 것이다. 개로부터 자신이 상황을 통제한다는 생각을 빼앗기 때문이다. 미미가 기본적인 복종 명령을 이해하도록 적절한 훈련도 함께 해야 한다.

식구는 물론 손님에게도 이런 규칙을 알린다. 온화하지만 엄격한 주인이 되면 상황을 더 잘 통제하고 미미 역시 으르렁대는 것을 멈추고 발전된 행동을 보일 것이다. 만약 미미가 계속 으르렁거리면 물고 공격하는 행동으로 발전하기 전에 예방 차원에서 동물 행동 학자에게 도움을 받는 것이 좋다.

TIP

달마시안 강아지들은 흰 색으로 태어난다. 그들의 트레이드마크인 검은 점은 성장하면서 생겨난다. 다갈색 점 달마시안도 있다.

우아한 산책

49

브리타니 스파니엘 칼리는 산책 때마다 목줄을 계속 끌고 잡아당긴다. 내 앞에서 앞뒤로 가자며 요구하기도 하고 다른 냄새가 나면 내 뒤로 가서 줄을 질질 끌고 가버린다. 화를 내도 나를 무시하고 계속 줄을 당긴다. 줄을 매고 우아하게 산책 하려면 어떻게 해야 할까?

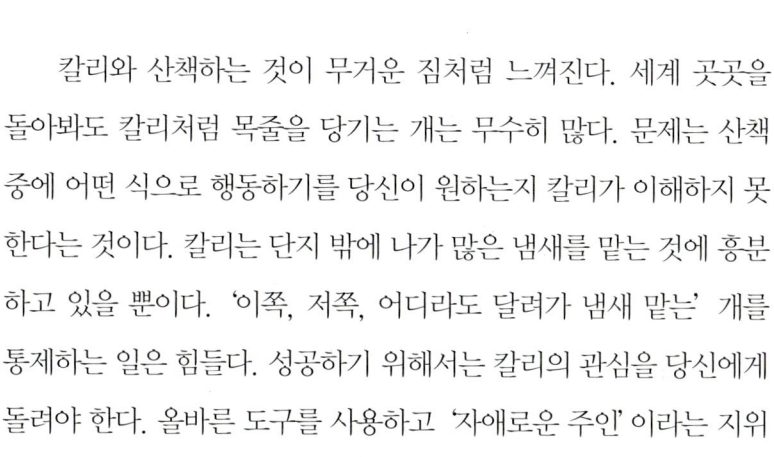

칼리와 산책하는 것이 무거운 짐처럼 느껴진다. 세계 곳곳을 돌아봐도 칼리처럼 목줄을 당기는 개는 무수히 많다. 문제는 산책 중에 어떤 식으로 행동하기를 당신이 원하는지 칼리가 이해하지 못한다는 것이다. 칼리는 단지 밖에 나가 많은 냄새를 맡는 것에 흥분하고 있을 뿐이다. '이쪽, 저쪽, 어디라도 달려가 냄새 맡는' 개를 통제하는 일은 힘들다. 성공하기 위해서는 칼리의 관심을 당신에게 돌려야 한다. 올바른 도구를 사용하고 '자애로운 주인'이라는 지위와 인내가 필요하다. 물론 많은 연습이 필요하다.

칼리를 다시 끌어당겨도 소용없다. 목에 압박을 느끼면 벗어나려고 하기 때문이다. 목줄을 뒤로 당긴다고 칼리가 잡아당기기를 멈추는 것은 아니며 오히려 목과 호흡기에 심각한 상처를 줄 수도 있다.

'억제 방법'을 찾아서 시도한다. 참나무를 뛰어 오르는 다람쥐, 날아오는 축구공, 길을 지나가던 예쁜 개가 있더라도 당신에게 집중하게 해야 한다. 산책 전에 간식을 작은 조각으로 잘라 가방에 넣는다. 칼리에게 '나를 봐' 명령을 가르쳐 이 말을 할 때 당신을 쳐다보게 한다. 집 안에서 며칠 연습한 뒤 길에서 연습한다. 걸으면서 '나를 봐'라고 칼리를 부른다. 때때로 간식을 준다. 반응할 때마다 주지 않고 가끔씩만 주면 개는 지속적으로 지시에 따른다.

바른 도구를 쓴다. 너무 꽉 조이는 목줄이나 갈고리가 안으로 달린 목줄은 피한다. 이런 목줄을 오래 사용하면 개는 반항적이 되며 상처를 입힐 수도 있다. 나일론으로 된 입마개를 쓰면 좋다. 입마개에는 개의 귀와 코를 감싸는 고리가 달려 있는데 턱 밑으로 오는 둥근 금속 고리에 줄을 매면 된다. 설명서대로 하면 되지만 방법을 모르겠다면 조련사나 수의사의 도움을 받는다.

입마개는 칼리의 목이 아닌 코에 압력을 가한다. 개의 코는 목보다 감각이 더 발달되어 있으며 압력을 가하면 제자리로 돌아온다. 가슴에 압력을 가하는 어깨끈도 있다. 단, 입마개를 비롯한 장비들은 훈련을 돕는 보조기구지 즉각적인 해답이 아니다. 중요한 것은 도구 자체가 아니라 바른 사용법이다.

다시 한 번 강조하지만 입마개는 재갈이 아니다. 입마개는 칼리가 숨을 쉬고, 씹고, 장난감을 물고, 간식 먹는 것을 막지 않는다. 입마개는 최소의 힘으로 아픔 없이 칼리의 머리를 통제해 당신 어깨 근육을 보호할 것이다. 평생 입마개를 씌울 필요는 없다. 산책할 때 차분히 걷는 법을 배우면 차츰 빼주면 된다.

새로운 기구를 집에서 먼저 보여준다. 칼리가 냄새를 맡고 세심하게 조사하게 놓아둔다. 기구를 씌웠을 때 가끔 개가 기구를 문지르거나 긁으려고 하는데 이때는 간식으로 주위를 돌린다. 밝고 즐거운 분위기를 유지하며 칼리가 기구를 벗으려 해도 혼내지 않는다. 입마개를 산책이나 간식과 연결할 수 있도록 한다.

개는 머리가 향하는 쪽으로 몸도 향하기 때문에 조금만 줄을 끌어당기면 칼리의 얼굴은 당신을 향한다. 앞으로 가는 것에 집중하지 말고 칼리가 멈춰 서서 무슨 일이 일어났는지 알도록 해야 한다. 몇 초 지나면 다시 출발한다. 이때 방향이나 속도를 갑자기 바꾼다. 칼리가 계속 추측하게 한다. 당신에게 관심을 집중하면 간식을 준다.

'나를 봐' 명령어도 입마개도 효과가 없으면 나무처럼 행동한다. 나무는 움직이지 않는다. 칼리가 잡아당기기 시작하면 가만히 멈춘다. 칼리가 다가와 줄이 느슨해질 때까지 앞으로 나가지 않거나 빠르게 뒤로 몇 발자국 옮긴다. 칼리가 당신에게 집중하면 다시 걷기 시작하고 목줄을 끌지 않고 잘 가면 간식을 준다. 목줄이 팽팽할 때는 주지 않는다. 칼리가 잘 걸으면 적절한 단어를 이용해 칭찬한다. 어떤 사람은 "뒷발"이라고 말하기도 하지만 나는 "잘 걸었어"라고 말한다. 이 말이 더 세련되게 들리기 때문이다. 산책을 잘 끝내면 칭찬하고 간식을 준다.

　　개가 줄을 당기는 것을 멈추게 하는 훈련은 시간과 연습이 필요하다. 하지만 그만한 가치가 있다. 당신과 칼리가 함께 산책을 즐길 수 있으며 주인으로서 당신의 역할은 더욱 확고해질 것이다.

: 개과천선_ 코즈모 이야기

중성화 수술을 받은 4살짜리 코카 스파니엘 코즈모는 주인인 가비와 토니가 자신이 원하지 않은 일을 하면 술집 경호원처럼 돌변했다. 발톱 손질을 하거나 침대에서 내려가게 하면 이를 드러내며 으르렁거리고 실제로 물기까지 했다. 목을 꽉 조이는 사슬 때문에 두 번이나 토니를 할퀴었고 밤에 잘 자다가도 한 번 깨면 침실로 와 흥분이 가라앉을 때까지 거세게 반항했다.

반항적인 태도를 보이다가도 흥분하거나 순종적으로 변하면 몸을 뒤집고 오줌을 찔끔찔끔 누었다. 다른 코카 스파니엘에게서는 쉽게 볼 수 없는 행동이었다. 다른 개들과 있을 때, 먹을 때, 개집에서 쉴 때 반항하지 않는 것이 그나마 다행이었다. 이럴 때는 주인들이 쉽게 접시나 장난감을 빼앗을 수 있었다.

나는 지배에 대한 공격성, 사회적 지위에 대한 적대성과 불안, 복종과 흥분에 의한 배뇨장애라고 진단을 내렸다. 의학적 증상은 나타나지 않았지만 오른쪽 앞발이 완전히 자라지 않았고 이것이 발톱을 손질할 때 과민반응을 보였던 이유였다. 한 번에 모든 발톱을 손질하는 대신 한 번에 한 개씩만 손질하고 하나를 손질할 때마다 좋아하는 간식을 주면 발톱 손질을 긍정적으로 생각할 거라고 조언했다. 그리고 즉시 목에 꽉 끼는 목줄을 입마개로 바꾸라고 했다. 반복해서 말하지만 목을 조이는 목줄은 반항심을 키울 뿐이다.

나쁜 행동을 다루기 위해서는 인내와 시간이 필요했다. 불안을 없애는 약물치료를 병행해 특히 잠을 깼을 때 조용하도록 했다. 주인들에게는 기본적인 안전 예방조치를 알려주었

다. 더 이상 그들의 침대에서 코즈모를 재우지 않도록 했다. 코즈모를 깨워야 할 경우에는 잠든 코즈모 쪽으로 몸을 기울여 흔들어 깨우지 말고 적당한 거리를 두고 서서 코즈모의 이름을 불러 깨우도록 했다. 코즈모를 침대에서 밀어내서는 안 되고 깊이 잠든 코즈모가 놀라지 않는 것이 중요했다.

코즈모는 한 번도 정식 훈련을 받지 않았기 때문에 우리는 '앉아', '엎드려', '기다려' 등의 기본 행동을 훈련시켰다. 공격적으로 행동하면 짧은 시간 동안 침실에 가두고 훈련에 잘 따라오면 코즈모가 제일 좋아하는 '던지고 가져오기' 놀이를 했다. 행동 교정과 의학 치료를 함께 하며 몇 달이 지났다. 코즈모의 행동은 개선되었다. 몸을 손질하거나 다른 곳으로 옮기라고 명령해도 으르렁거리지 않았으며 토니와 가비의 말도 잘 듣는 행복한 코카 스파니엘이 되었다.

넌 지치지도 않니?

검은색 래브라도 리트리버 타샤는 절대 지치지 않는다. 한 시간도 넘게 던지고 가져오는 놀이를 했는데도 더 놀기를 원한다. 나는 일주일에 세 번 애견 보육 센터에 타샤를 맡긴다. 타샤는 하루 종일 다른 개들과 뛰어 논다. 타샤를 사랑하지만 가끔은 조용하고 차분했으면 좋겠다.

어떤 개는 영원히 풀리지 않는 태엽인형처럼 행동한다. 지나치게 활동적인 개는 빠른 속도로 모든 것을 해낸다. 낮잠을 자거나 쉬는 일은 거의 없다. 놀아주지 않으면 뛰거나 짖어대며 애정을 바라는 열망을 누르지 못한다. 래브라도 리트리버는 힘이 넘치고 성숙해지는 데 시간이 걸린다. 하지만 쾌활한 리트리버도 가끔은 차분해질 필요가 있다. 어쩌면 건강 때문에 그런 행동이 나타날 수도 있다. 흔하지는 않지만 개가 보이는 '운동과잉증'은 아이의 '주의력결여 장애'와 비슷하다. 언제나 서두르고 가끔은 심하게 활동한다. 이런 장애를 가진 개는 심장 박동이 빠르며 완전히 지칠 때까지 멈추지 않고 행동한다. 정밀 검사를 받아 의학적 원인이 있는지 알아본다. 타샤가 최근 복용한 약이 있는지도 생각한다. 어떤 약물은 개를 불안하게 만들거나 활동 과다를 이끌어낼 수 있다.

단지 힘이 넘치는 것뿐이라면 몇 가지 방법으로 줄일 수 있다. 던지고 가져오기 놀이나 애견 보육 센터에서 다른 개들과 놀며 에너지를 소비시키는 일은 잘 한 일이다. 그렇게 에너지를 소비시키는 동시에 머리와 몸을 함께 쓰도록 고안된 빠른 복합명령을 가르친다. 예를 들면 팔굽혀펴기가 있다. 개의 팔굽혀펴기란 빠른 속도록 '앉아, 엎드려, 앉아, 엎드려'를 반복하는 것이다. 그 명령에 따르는 개를 보면 인간의 팔굽혀펴기를 개 버전으로 하고 있는 것처럼 보인다. 이런 빠른 동작은 활기 넘치는 타샤에게 즐거움을 줄 것이다.

연속 삼 회전 뛰기나 간식 먹기 전 세 바퀴 돌기 등 재주 목록을 넓히는 것도 좋다. 산책을 하고 애견 보육 센터에 보내고 날씨가 좋으면 안전한 장소에서 수영을 하며 공을 던지고 가져오는 놀이도 한다. 수영은 관절에 무리를 주지 않는 유산소 운동이다. 게다가 래브라도에겐 선천적인 활동이다.

타샤가 피곤해지면 가만히 있는 법을 가르친다. 반드시 타샤가 피곤할 때 해야 한다. '가만히 있어' 신호를 보내 타샤가 차분하고 조용히 있게 한다. 칭찬을 자주 하고 간식을 주며 행동을 교정한다. 조용한 상황에서 타샤에게 긴 줄을 매고 한쪽 끝을 밟는다. 타샤가 주저앉거나 조용히 앉으면 몇 초 기다렸다가 "가만히 있어"라고 말하며 간식을 준다. 당신이 무엇을 원하는지 타샤가 알았다고 생각되면 명령을 내린 후 간식을 줄 때까지의 시간을 차츰 늘린다.

　타샤와 상호작용 할 때는 당신의 에너지와 목소리 톤을 주의 깊게 살핀다. 밤에는 부드럽고 조용한 목소리로 말한다. 타샤가 힘을 빼고 가만히 있으면 부드럽게 칭찬하고 차분하게 행동하면 간식을 준다. 타샤는 재미있는 개다. 절대로 당신을 지루하게 하지 않을 것이다!

TIP

인간의 맥박은 1분에 70회에서 80회 뛰는 반면 개의 심장박동은 1분에 70회에서 120회 사이다.

대소변 가리기

내 가장 친한 친구가 기르는 세 마리 미니어처 핀셔들은 밖에서 대소변을 봐야 한다는 사실을 이해하지 못한다. 바닥에 카펫이 깔려 있는 친구 집에 들어설 때마다 오줌 냄새 때문에 뒤로 돌아설 정도다. 친구는 언제나 미안하게 여기지만 정작 문제의 심각성은 모른다. 친구를 도울 방법이 없을까?

미니어처 핀셔의 성질 중 가장 부정인 것은 대소변을 가리도록 가르치는 일이 어렵다는 것이다. 주로 몸집이 작은 개들이 같은 문제를 가진다. 작은 개는 큰 개보다 방광이 작아 오래 참지 못한다. 선천적 문제와 더불어 주인이 대소변 가리는 훈련을 엄격하게 시키지 않는 것도 큰 요인이다. 요크셔테리어, 퍼그, 미니어처 핀셔, 닥스훈트 등 작은 개를 기르는 주인들은 자신의 소중한 개가 춥거나 비오는 날 밖으로 나가는 일을 걱정한다. 집안을 지저분하게 하는 것도 작은 일탈이라고 생각해서 너그럽게 용서한다. 하지만 대소변은 큰 문제다! 반드시 고쳐야 한다! 화장실은 밖에 있다는 것을 배워야만 한다!

고양이와 달리 개는 태어날 때부터 스스로 대소변을 가리지 못한다. 그러니 주인이 올바른 화장실 습관을 가르쳐야 한다. 친구의 경우 처음부터 올바른 화장실 훈련을 시키지 않았고 그 결과 고생하는 것은 집이다. 친구를 도와 집안 냄새를 좋게 바꿔보자. 다른 손님이 냄새에 대해 친구에게 아무 말 안 했어도 다시 방문하고 싶지는 않았을 것이다.

먼저 핀셔 세 마리를 동물병원에 데려가 방광을 약하게 하는 의학적 문제가 있는지 알아본다. 개가 실내에 소변을 보는 이유는 대개 의학적 문제 때문이 아니라 안에서 보는 것과 밖에서 보는 것의 차이점을 모르거나 자신이 가진 냄새로 집안에 영역을 표시하려 들기 때문이다. 수컷이나 암컷이나 모든 개는 눈에 띄는 행동을 할 때가 있는데 중성화 수술을 받지 않은 개가 더 심하다. 불임 수술 뒤 이런 불쾌한 행동이 줄었다는 연구결과도 있다.

처음부터 개들을 다시 훈련시킨다. 외출할 때는 바구니나 카펫이 깔려있지 않은 고립된 방에 개들을 넣으라고 조언한다. 아침에 일어나자마자, 밥 먹은 뒤, 놀고 난 뒤, 잠자기 전에 대소변을 보기 위해 개들을 밖으로 내보낸다. 밖에서 대소변을 보고 들어오면 칭찬한다. 집안에서 대소변을 보려고 하면 손뼉을 쳐서 개를 놀라게 하고 잠시 주의가 흐트러진 틈을 타 개를 잡아 밖으로 내보낸다. 밖에서 대소변을 볼 때마다 칭찬을 많이 하고 간식을 준다.

훈련과정에서 실수할 수도 있지만 화내거나 절망하지 않는다.

이런 감정을 보이면 훈련은 중단되고 개들은 두려움과 혼란스러움을 느낀다. 개들이 집안에 오줌을 쌌을 때 벌을 주는 일은 바보 같고 무익한 일이다. 개들은 숨어서 일을 보거나 주인이 없을 때 일을 보는 법만 배운다.

카펫과 가구를 깨끗이 청소한다. 생화학 효소로 된 세제를 쓰는 것이 좋은데 대소변에 있는 단백질 분자를 파괴시켜 냄새를 제거하기 때문에 다른 향기로 냄새를 덮는 것보다 효과적이다. 암모니아가 포함된 세제는 쓰지 않는다. 오줌냄새가 나기 때문에 개들이 다시 냄새에 끌려 같은 일을 저지르기 쉽다. 대소변을 가리는 훈련을 완수하고 실수로도 집안에서 일을 보지 않게 되면 새 카펫과 깔개를 장만할 수 있을 것이다. 바닥을 애견 친화적인 종류의 타일이나 합판으로 바꾸는 것도 좋다.

음식 구걸 중단하기

52

음식을 달라고 구걸하는 데에는 일곱 살 먹은 코카 스파니엘 빌리와 베시를 당할 개가 없다. 저녁시간마다 내 양쪽에 자리를 잡고 앉아 포크를 입에 넣을 때마다 갈색 눈으로 뚫어져라 바라본다. 결국 마음이 약해져 음식을 나눠줬더니 이젠 식사에 초대한 손님한테까지 매달린다. 이런 행동을 멈추게 하고 싶은데 너무 늦은 걸까?

누가 그 간절한 눈동자를 외면할 수 있겠는가? 고기 한 조각 육즙 한 숟가락 얻기 위해 침을 흘리며 솜씨 좋게 애원하는 그 눈을 외면하기는 정말 힘들다. 빌리와 베시는 사람들이 식당에 모이면 입에 침이 고이도록 맛있는 음식이 하늘에서 떨어진다고 배웠던 것이다. 그런 보상 때문에 애원하는 행동은 점점 늘어난다. 예쁘게 애원하다가도 어느 순간 당신을 공격해 음식을 빼앗는 악당이 될 수도 있다. 게다가 고지방의 음식을 꾸준히 먹으면 당뇨병, 심장질환, 관절염 등 건강에 문제가 생기기 쉽다. 먹다 남긴 닭고기나 스테이크는 나쁘지 않지만 섭취량에 한계를 정하는 것이 중요하다.

나의 아버지는 패스트푸드점에 있는 운전자용 주문 창 옆에 차를 대고 치즈버거 세 개 시키기를 좋아했다. 두 개는 아버지가 먹고 하나는 개 키샤에게 주었다. 키샤가 치명적인 췌장염으로 아프고 나서야 이런 행동을 멈추었다. 본인을 위해 패스트푸드를 끊지는 못했지만 키샤를 위해서는 더 현명한 음식을 선택했다. 아버지가 치즈버거를 먹고 있을 때 키샤는 앞좌석에서 고단백 저지방인 애견용 간식을 즐겼다. 키샤는 날씬해졌고 그 결과 더 건강해졌다.

당신의 대식가 2인조의 구걸 습관을 고치는 것은 아직 늦지 않았다. 다시 훈련시키면 된다. 손님이 왔을 때는 빌리와 베시를 다른 방에 넣고 손님과 평화로운 식사를 즐긴다. 개들이 있는 방에 라디오를 켜놓고 구멍 뚫린 간식 통을 함께 두면 그 안의 물건을 빼내려 하면서 간식 통에 코를 박을 것이다. 빌리와 베시가 간식을 먹으려 애쓰는 동안 당신은 식사를 즐기라.

가족끼리만 식사를 한다면 즉시 새로운 습관을 만드는 훈련을 시작한다. 우선 접시에 있는 음식을 빌리와 베시에게 주는 것을 중단한다. 음식을 달라고 애원해도 무시한다. 빌리와 베시는 굶주리는 개들이 아니다! 행동이 개선되기 전에 더 심하게 애원할 수도 있는데 예전에 효과 있었던 행동을 다시 하는 것이다. 함께 식사하는 사람 모두가 완전히 무시해야만 한다. 쳐다보지도 말고 "애걸하지 마!"라고 말하지도 않는다. 눈 맞춤도 안 되고 쓰다듬어서도 안 된다. 아무것도 하지 마라! 식탁에서는 빌리와 베시가 보이지도 않고 소리도 들리지 않는 것처럼 행동한다. 음식 구걸을 계속하면 가족들이 먹는 동안에 '앉아'와 '기다려'를 가르친다. 빌리와 베시에게 당신이 식사를 즐기는 동안 완수해야 할 임무를 주는 것이다.

친구나 가족의 협력 없이는 성공할 수 없다. 식탁에서 빌리와 베시가 음식을 얻어먹길 바라지 않는다고 설명하고 개들의 건강과 사람의 편안함을 위해 이 훈련을 시작했다고 알린다. 모두가 식탁에서 빌리와 베시를 무시하면 더 이상 애원해도 원하는 걸 얻지 못한다는 것을 배울 것이다. 간식이 제공되는 장소는 자신들의 밥그릇이며 사람이 밥을 먹고 난 뒤에야 비로소 먹을 수 있다는 점도 알게 될 것이다.

TIP

미국애견협회에서는 코카 스파니엘의 색을 네 가지로 구분한다. 검은색, 검은색에 탄 무늬, 여러 가지가 섞인 색, 그리고 검은색이 아닌 단색 이렇게 네 가지다.

추격에 브레이크 걸기

테리어 잡종인 부머는 공원이나 주변을 산책할 때 다람쥐만 보면 쫓아간다. 현관문이 열리면 길 고양이에게 돌진한다. 지금까지는 한 번도 성공하지 못했지만 정말 최선을 다해 쫓아가기 때문에 진짜로 잡게 되면 죽이지는 않을까 걱정된다. 부머가 다른 동물을 가만히 놓아두게 하려면 어떻게 해야 할까?

대부분의 개는 달리는 것을 뒤쫓는다. 게다가 테리어는 원래 사냥을 위한 종이다. 동물 행동학자들은 개가 추격을 좋아하는 것에는 유전적 요인이 있다고 말한다. 어떤 개는 움직임을 감지하면 눈으로 따라가고 육식동물의 천성이 살아나 돌진한다. 본성을 억제하지 못해 고양이나 다람쥐처럼 작은 동물을 쫓기도 하지만 더 큰 먹이를 추격하기도 한다. 스케이트를 타거나 달리는 사람 뒤를 뛰거나 차를 따라 달리기도 한다. 주인에게는 난처하고 개에게는 위험하다.

부머가 고양이와 다람쥐를 쫓는 이유를 알아보자. 어떤 개는 재미로 작은 동물을 뒤쫓는다. 반면 어떤 개는 죽이려고 뒤쫓는다.

본능과 실전을 통해 움직이는 작은 동물을 잡고 흔들어 척추를 부러뜨리는 법을 알고 있다. 재미를 위해 뒤쫓는 것이 육식동물의 본능과 반대되는 것이라고 말할 수는 없다. 당신도 부머가 죽이기 위해 뒤쫓는지 재미를 위해 뒤쫓는지 실험을 통해 알아보기를 원하지는 않을 것이다. 단지 우리가 할 수 있는 일은 부머가 이웃집 애완동물을 다치게 하거나 다람쥐를 쫓다 차 앞으로 뛰어들기 전에 추격을 그만두게 하는 것이다.

어떤 경우에 부머가 추격을 시작하는지 자세히 알아낸다. 하루 중 어느 시간 어느 장소에서 어떤 동물을 쫓는지 조사하며 이때 따르는 신체적 언어적 행동도 조사한다. 세부사항을 많이 알수록 부머의 행동을 예측할 수 있고 추격 욕구를 억제시킬 수 있다. 부머를 쫓는 탐정처럼 행동하면서 예측 가능한 행동패턴을 알아내야만 효과적인 교정계획을 세울 수 있다.

산책 전에 배부르게 먹이지 않는다. 산책에서 돌아와서 먹이는 것이 더 좋다. 부머가 배고픈 상태에서 산책하면 당신에게 집중할 것이다. 부머가 가장 좋아하는 간식을 담은 가방을 허리에 묶는다. 당신에게 집중하는 법을 가르치는 동안에는 줄에 묶어놓는다. 부머가 고양이, 다람쥐, 새 등 목표가 될 만한 것을 보면 돌아서서 "나를 봐"라고 말하며 당신을 보게 한다. 부머를 차분히 앉힌 후 동물을 쫓아가려는 유혹을 이겨내는 동안 간식을 준다. 동물을 볼 때마다 쫓아가지 않고 기다리면 간식을 얻는다는 것을 알게 되면 부머는 동물보다 당신을 쳐다볼 것이다.

　이제 문으로 돌진하는 행동에 대해 이야기하자. 문으로 가기 전에 부머를 줄에 묶는다. 부머가 창문을 보며 마음속으로 동물을 뒤쫓는 것 같은 행동을 보이면 더 줄에 묶어두어야 한다. 부머를 밖으로 나가게 하기 전에는 언제나 '앉아', '기다려' 지시를 내린다. 산책에서 돌아올 때도 마찬가지로 한다. 부머에게 문에 도착하면 언제나 멈추고 앉아야 한다는 것을 알려준다. 부머가 확실히 배우면 앉아 있을 때 문을 열어놓는다. 그러나 줄은 계속 잡고 있어야 한다.

　훈련의 처음부터 끝까지 인내를 가져라. 테리어는 추격자로서의 충동이 강하다. 부머의 행동이 바뀌기까지는 시간이 필요하다. 명령을 계속 반복한다. 쫓고 싶은 충동이 강한 개가 '기다려' 상태를 유지하는 일은 어렵고 힘들다. 어떤 개는 뒤쫓고자 하는 욕구가 너무 강해 고양이나 다람쥐가 있는 장소에서는 항상 줄을 잡고 있어야 한다.

　자신을 조절하는 것을 부머에게 가르치면서 당신에게 되돌아오는 행동도 함께 향상시킬 것을 추천한다. 부머는 작은 동물 대신 당신이 던진 공이나 장난감을 뒤쫓으며 추격하고 싶은 욕구를 만족시킬 수 있다.

Chapter 5

공존의 법칙

우리 모두는 자신의 개를 사랑한다. 그러나 가끔 개 때문에 미칠 것 같다. 도대체 누가 상전인지 알 수 없을 때도 있다. 우리의 친구와 좀 더 평화적으로 공존하는 법을 알아보자.

친구 만들기

54

1년 전 데려온 보더 콜리 강아지 래디는 지치지도 않고 논다. 우리가 놀아주지 않으면 우리 앞에 장난감을 집어 떨어뜨리거나 무릎에 놓아 다시 던지게 만든다. 그래서 우리는 두 번째 개를 데려오기로 했다. 새로운 친구와 노는 데 바빠 우리를 좀 잊어주면 좋겠다. 래디에게는 어떤 개가 어울리고 어떻게 소개해야 할까?

보더 콜리는 활발하고 쾌활한 것으로 유명하다. 래디가 언제나 바쁜 것은 당연하다. 일주일에 몇 번 공원에 데려가지 말고 최소 하루에 두 번 20분 이상 운동시킨다. 래디는 친구를 좋아할 것이다. 공원에 갔을 때 래디가 가장 즐겁게 어울리는 개를 살펴본다. 종류보다 성격이 중요하다. 래디는 자신처럼 활발하고 놀기 좋아하는 개와 잘 지낼 것이다.

서너 마리 정도 후보를 정하고 친화력을 시험한다. 센터에 데려가 래디와 한 마리씩 만나게 한다. 많은 센터는 이런 경우를 위해 만남의 장소를 제공한다. 집보다는 중립적인 장소가 좋다. 집에서 만날 경우 새로운 개를 친구가 아닌 침입자로 볼 수 있기 때문이다.

개를 좋아하는 친구나 가족과 함께 간다. 맛있는 간식을 충분히 가져간다. 두 마리 개 모두에게 흥분되고 긍정적인 만남이 되도록 한다. 당신이 래디의 줄을 잡고 다른 사람은 다른 개의 줄을 잡는다. 즐거운 목소리로 말하며 두 개들이 서로 엉덩이 냄새를 맡는 '강아지용 악수'를 하게 한다. 개는 얼굴을 마주보면 공격적으로 되기 때문에 서로 얼굴을 마주 보지 않게 한다. 10초 정도 지나면 두 개를 떼어놓고 간식을 준다.

두 번째 단계로 개들을 데리고 짧게 산책한다. 당신과 친구가 가운데 서고 개들은 양 옆에서 걷게 한다. 개들이 너무 멀리 가지 않도록 한다. 긍정적 목소리로 말을 걸고 가끔씩 쉬면서 개들을 앉게 하고 간식을 준다. 그리고 다시 걷는다. 가끔 서로의 냄새를 맡게 한다. 편해 보이면 줄에 여유를 줘도 된다. 개들이 놀 때는 줄이 엉키지 않도록 조심한다. 산책이 성공적으로 끝나면 닫힌 공간에서 줄을 풀고 쉬게 한다. 개들은 줄에 묶여 있을 때와 그렇지 않을 때 행동하는 것이 다르다. 행동에 제약을 받지 않는 것이 친구 사귀기에 더 좋다.

이런 과정 동안 개들의 태도에 주목한다. 서로 인사하듯 엎드리거나 얼굴 근육을 풀고 입을 벌리면 좋은 신호다. 한 개가 다른 개에게 순종적으로 누워 배를 드러낸 채 자신의 냄새를 맡게 하면 그것도 역시 좋은 신호다. 하지만 이를 드러내고 으르렁거리거나 직접적으로 쳐다보며 다리가 굳은 자세로 서 있으면 나쁜 신호다. 이런 경우에는 이름을 불러 앉힌 뒤 간식을 주며 긴장을 풀어준다. 괜찮아지면 다시 인사시킨다. 첫 번째 인사 때보다 거리를 넓히고 시간은 짧게 준다. 몇 분이 지나도 친해지지 않으면 서로 안 맞는 것이다.

래디와 잘 어울리는 친구를 찾았다면 시험기간을 두고 새로운 개가 가족과 잘 어울리는지 알아본다. 집으로 올 때는 각자의 개집에 넣어 따로 데려온다. 집에 도착해도 목줄은 매어둔다. 편하게 쉬게 한 후 밖에서 잠시 걸으며 서로 어떻게 행동하는지 본다.

래디를 먼저 집으로 들여보낸다. 그런 후 새로운 개가 들어오게 한다. 이것은 새로운 개에게 래디가 자신보다 높다는 걸 알려주는 명확한 신호다. 서로 친구가 되고 새로운 개가 당신의 집에 적응하면 누가 더 지배적인 개인지 드러날 것이다. 래디일 수도 있고 새로운 개일 수도 있다. 우위를 차지한 개는 언제나 당신에게 먼저 인사하고 밥도 먼저 먹으며 산책 때도 다른 개보다 앞서 나간다.

개들이 친해졌다고 확신할 때까지 줄을 풀어서는 안 된다. 처음 며칠은 다른 사람과 산책하는 것이 좋다. 문제가 생길 경우 개들을 제어해야 하기 때문이다. 하지만 걱정하지 않아도 좋다. 래디는 분명 새로운 친구가 오는 것을 기뻐할 것이다.

개를 키우고 싶어 하는 아이들

아이들이 개를 기르자고 조른다. 아들은 7살이고 딸은 9살인데 강아지를 기르면 잘 먹이고 산책 시키고 놀아줄 거라고 약속한다. 우리 아이들이 강아지를 돌볼 수 있을까? 나와 남편은 직장에 다닌다. 허락해도 될까? 좀 더 기다려야 할까?

개를 돌보는 행위는 자라나는 아이들에게 책임감과 자아 존중감을 길러준다. 보통 7살이면 충분히 성숙한 나이다. 개도 사람처럼 감정이 있고 친절하게 돌봐야 한다는 것을 안다. 애완동물을 기르는 데 필요한 실질적 기술은 나이가 아니라 책임감을 갖고 자신을 조절할 수 있는가에 달려있다. 내가 아는 7살짜리 어떤 아이는 매우 조심성이 있어 개와 강아지에게 사료를 주고 목욕을 시키며 운동도 같이 하고 함께 놀아준다. 반면 12살짜리 어떤 아이는 책임감이 없어 개에게 밥 주는 일을 자꾸 잊어 하루에 한 번 줄 때도 있었다.

당신은 아이들이 얼마나 성숙했는지 알 것이다. 배우자와 함께 아이들을 평가해본다. 아이들이 개를 가진 사람을 만났을 경우 개에게 바로 돌진하지 않고 주인에게 허락을 받았는가? 자기가 해야 하는 집안일을 제 시간에 하는가? 장난감을 소중히 여기는가? 친구들이나 친척들의 애완동물을 어떻게 다루는가?

당신과 남편에 대해서도 스스로 평가해야 한다. 책임감을 가질 수 있는가? 시간이나 돈 등 추가 비용을 받아들일 수 있는가? 아이들이 자라 대학교나 직장 때문에 집에서 나가 살게 되었을 때도 개를 돌볼 수 있는가? 어떤 개는 18년 이상 살기도 한다. 아이들이 커서 당신과 떨어져 멀리 살게 되었을 때 건강에 문제가 생긴 늙은 개를 돌보아야 할 수도 있다. 자신과 배우자에 대해 솔직하게 평가하자.

개를 돌보는 일을 즐거운 기회가 아니라 벌로 만들어 강요해서는 안 된다. 아들이 숙제를 안 했거나 딸이 쓰레기를 버리는 것을 잊었을 때 "잘못했으니 개를 산책시키고 와"라는 식의 처벌을 내려서는 안 된다. 개를 돌보는 일이 짐이나 벌이 되어서는 안 된다. 아이들이 분노와 짜증을 개에게 풀 수도 있다. 마지막으로 함께 모여 아이들과 진심으로 이야기한다. 장난감과 달리 개는 살아있고 숨 쉬는 동물이며 감정을 가지고 있음을 상기시킨다. 그리고 밑에 있는 질문을 아이에게 한다.

- 왜 개를 원하는가? 사랑해서인가 친구들에게 멋지게 보이고 싶어서인가?
- 애견 훈련 수업에 기꺼이 참여할 것인가?

- 매일 먹이고 목욕시키고 운동시키겠는가?
- 카펫에 오줌을 싸거나 가장 좋아하는 책을 물어놓거나 놀다가 실수로 너를 다치게 해도 개를 사랑으로 돌보겠는가?
- 네가 가장 좋아하는 청바지에 개털이나 침이 묻는 것도 참을 수 있는가?
- 개를 목욕시키고 너도 깨끗이 씻겠는가?
- 개도 혼자 있을 시간이 가끔 필요하다는 것을 이해하고 특히 잠잘 때 건드리지 않겠는가?
- 개에게 재미있는 재주를 가르치겠는가?
- 목줄로 매고 산책시키겠는가?

아이들의 대답에 만족했다면 개를 기르는 일을 가족의 일로 만들 차례다. 아이들에게 새로 오게 되는 개를 포함한 모든 개에게 인사하는 법을 가르친다. 개를 존중하는 법도 가르친다. 꼬리를 숨기거나 짖을 때, 너무 꽉 안아서 몸부림 칠 때는 개에게도 공간이 필요하다는 것을 설명한다. 개가 아이들에게 자유롭게 다가와 그들 곁에 머물 때가 개와 함께 놀 수 있는 긍정적 신호라는 것을 알려준다.

개를 데려온 다음에는 새로운 가족인 개를 위해 누가 어떤 일을 할 것인지 매주 계획을 짠다. 계획표를 냉장고 문 같은 잘 보이는 곳에 붙인다. 눈에 잘 보여야 확인하기 쉽다. 계획표는 아이들이 먹이를 주거나 산책시키는 것을 잊지 않게 한다. 개를 성공적으로 키우기 위해 개를 돌보는 일에 대해 아이들과 토론한다. 아이들은 좋은 제안을 내놓으며 개에게 문제가 생기면 해결책을 제시하기도 한다. 다음은 아이에게 알맞은 개를 고르는 방법이다.

개의 종류를 알아본다. 치와와 같은 작은 개부터 산처럼 커다란 세인트 버나드에 이르기까지 여러 개가 있다. 순종은 어느 정도 종에 따라 특정한 성격을 가진다. 골든 리트리버는 이름에서도 알 수 있듯 다정하고 사랑스러우며 사람을 좋아한다. 물론 예외는 있다. 부끄러움을 많이 타는 잭 러셀 테리어나 활기찬 스파니엘도 있는 법이다.

개의 성격을 알아볼 때 종류에 끼워 맞추지 않는다. 잡종도 멋진 애완견이 될 수 있다. 개의 행동과 반응에는 환경이 중요한 부분을 차지한다. 사람처럼 개도 좋거나 나쁘거나 행복하거나 무서운 여러 기억들이 머릿속에 가득 차 있다. 강아지일 때의 경험이 커서까지 영향을 미친다.

일하는 부모와 어린 아이들로 이루어진 가정은 시간이 귀하기 때문에 강아지보다 젊은 개를 데려올 것을 추천한다. 젊은 개는 씹는 버릇이 있는 시기가 지난 경우가 많고 기본적인 복종 훈련이 되어 있다. 강아지 때 맞아야 할 예방주사도 모두 맞았거나 중성화 수술을 받은 개도 있다. 성격과 나이에 따라 다르지만 혈기왕성하고 활동적

TIP

난폭하고 위협적인 낯선 개를 보면 나무가 된다. 이 말은 나무의 가지(팔)는 옆으로 가지런히 놓고 눈은 뿌리(발)로 향한 채 조용하게 서 있으라는 뜻이다. 이런 자세로 움직이지 말고 개가 떠나거나 누군가 도움을 줄 때까지 기다린다.

인 강아지보다 차분하기 때문에 기르기 좋다.

아이들은 개를 좋아한다. 공원이나 길거리에서 개를 보면 달려가 쓰다듬는다. 개도 새 친구를 만나 행복하겠지만 개에게 천천히 인사를 해야 하고, 자신이 좋아하는 만큼 개도 기뻐하는지도 생각해야 한다. 다음은 처음 보는 개를 만났을 때 개와 인사하는 올바른 방법이다. 아이들에게도 올바른 인사법을 가르쳐주자.

- **승낙을 받는다.** 절대 개에게 뛰어가서는 안 된다. 주인에게 개가 순한지 만져도 되는지 묻는다.
- **개가 냄새를 맡도록 놓아둔다.** 개를 만지기 전 손을 내밀어 당신이 누구인지 냄새로 파악할 시간을 준다. 눈을 똑바로 보거나 고개 숙이지 않는다. 개에게 위협적으로 보이기 때문이다.
- **조심스럽게 만진다.** 개는 사람들이 머리 쓰다듬는 걸 싫어한다. 아이들도 이것을 싫어한다! 귀 주변이나 턱 아래를 부드럽게 긁어준다.

아이를 개에게 소개하는 법

남편과 나는 가끔 농담으로 삼손을 우리 첫 번째 아이라고 말한다. 우리는 2년 전 그레이하운드 구조협회에서 삼손을 데려왔다. 삼손은 지금 4살이며 사랑스럽고 예의도 발라 사람들에게도 귀여움을 받는다. 최근 나는 임신을 했다. 아이 때문에 삼손이 질투하거나 화를 내지 않았으면 좋겠다. 삼손이 새 식구를 잘 맞이할 수 있을까?

부모가 된 것을 축하한다. 물론 지금도 삼손의 부모지만 말이다. 삼손이 사랑스러운 성품을 가졌다고 하니 아이를 위한 준비를 하는 것이 쉬울 듯하다. 하지만 개는 자기보다 나이가 많은 형제지간에는 질투를 느끼지 않지만 새로 태어날 아이에게는 경쟁심을 느낄 수 있다. 그리고 분명히 호기심을 가질 것이다. 시간과 애정을 가지고 훈련에 들어가야 한다.

삼손과 함께 보내는 시간을 서서히 줄이면서 훈련을 시작한다. 삼손에게 불친절해지라는 뜻이 아니라 당신이 시간과 애정을 아이에게 쏟게 될 상황에 대비하는 것이다. 당신이 삼손을 제일 많이 돌봤다면 이젠 남편에게 일부를 넘긴다. 당신은 여전히 삼손을 사랑하고 가족의 일원으로 여기겠지만 애정의 중심에 삼손을 놓지는 않을 것이다. 하지만 삼손이 방치된 기분을 느끼게 되는 것도 원하지 않을 것이다.

아이를 낳기 전 삼손에게 가능하면 많은 아이들을 소개한다. 아이가 있는 친구를 초대해 집 안에 아이가 있는 것을 삼손이 익숙하게 여기도록 만든다. 놀이터나 학교 근처로 산책을 데리고 나간다. 아이들과 어린이가 나오는 비디오를 틀어준다. 삼손이 아이의 세계를 듣고, 보고, 느끼고, 냄새 맡을 수 있는 기회를 찾는다. 아이들이 울고, 옹알이 하고, 기저귀를 갈고, 걸어 다니는 것을 보여준다. 아기에 관한 정보를 주면 나중에 아기가 태어났을 때 삼손은 그 정보를 활용할 것이다.

삼손과 아기의 상호작용도 중요하다. 예의바른 행동을 하면 상을 주고 너무 시끄럽게 굴거나 아기를 핥으면 행동을 교정해준다. 삼손에게 조용히 앉아 쓰다듬어 주길 기다리는 법을 가르친다. 하운드는 아이를 쫓아가 쓰러트릴 수도 있으니 조심해야 한다. 이상한 행동을 하고 목소리 톤이 높은 아이는 하운드 종이 가지고 있는 추격 본능을 이끌어 내기 때문이다. 아이가 흥분한 개에게 물리거나 다치면 안 된다.

이상한 소리일지도 모르겠지만 당신 주변에 아기 인형을 가져다 놓았으면 한다. 삼손과 산책을 할 때, 텔레비전을 볼 때, 쉬고 있을 때 곁에 아기 인형을 놓고 아이 목소리를 녹음해서 자주 들려준다. 내 친구는 아이용 파우더를 팔뚝에 뿌리고 이유식을 손에 묻혀 개가 그 냄새에 익숙해지도록 했다.

병원에서 아이를 데려오기 전 남편이나 친구에게 부탁해 아이가 쓰던 담요나 물건을 가져다 놓아 삼손이 아이 냄새를 맡고 그 냄새에 익숙해지도록 한다. 집에 돌아와 아이를 처음 소개할 때는 삼손에게 간식을 주면서 한다. 당신 혼자 집에 들어와 즐겁게 인사하고 간식을 준 후 아이와 함께 남편이 들어오게 한다. 옆에서 지켜보면서 삼손이 아이의 냄새를 맡고 지켜볼 수 있도록 충분한 시간을 준다.

아이를 낳은 후 당신의 삶은 빠르게 바뀌어 전에 하던 일을 다 할 수는 없을 것이다. 하지만 아무리 바빠도 매일 삼손과 알찬 시간을 보낸다. 짧은 시간만으로도 삼손은 안정감을 느낄 것이다. 삼손을 믿더라도 삼손이 아이와 함께 있을 때는 주의해서 본다. 신중하게 준비하고 지속적인 애정을 준다면 삼손은 새 가족을 빠르게 받아들이면서도 여전히 당신과 남편이 자신을 사랑한다고 생각할 것이다.

TIP

그레이하운드에 이마에 있는 흰 부분을 만지면 행운이 온다는 오래된 미신이 있다. 이마를 만지고 복권을 사면 행운이 찾아올지도 모른다. 하지만 복권에 당첨되더라도 당신의 개는 값을 매길 수 없을 만큼 더 소중하다는 것을 잊지 마라.

개과천선_ 피터와 어그 이야기

샐리는 최근 2층짜리 분양아파트로 이사했으며 네 마리의 퍼그와 두 마리의 고양이를 키운다. 이사한 뒤부터 수컷인 5살짜리 어그와 1살짜리 피터는 서로 싸우고 가구에 발자국을 남기며 바닥에 대소변을 본다. 이사 오기 전에는 없던 일이다.

개들은 하루 세 번 산책을 나가는데 특히 어그는 산책 동안 오줌을 참았다가 집에 들어와서 배출했다. 화가 난 샐리는 전문적인 도움이 필요한 것을 깨달았다. 요로감염이나 방광염과 같은 의학적 문제가 있을 수도 있기에 검사를 했지만 두 마리 개 모두 건강했다. 샐리는 어그가 한 살쯤 되었을 때 구조협회에서 데려왔고 3년 뒤 어린 피터를 애견 분양인에게서 데려왔다. 이것은 수컷 개들이 새로운 집에서 자신의 영역을 확보하기 위해 하는 행동이었다.

문제를 해결하기 위해 샐리에게 가구와 카펫의 냄새를 닦아내도록 했다. 세제를 고를 때는 냄새를 덮기보다는 분해시켜 냄새를 완전히 없애는 세제를 고르도록 했다. 나는 이사로 생길 수 있는 불안을 해결해주는 행동 치료약물을 개들에게 투여했다. 그런 뒤 샐리에게 아무 때나 간식을 주는 것을 그만두도록 했다. 이는 샐리의 지도권을 뚜렷이 보여주기 위한 것이었다. 지속되는 행동을 멈추게 하기 위해 개들의 밥그릇을 항상 일정한 곳에 놓아뒀다. 이런 행동을 고치기 위해서는 훈련 조정이 필요했다. 애정을 주는 것은 샐리가 결정할 일이고 개들이 애정을 요구해서는 안 된다. 샐리는 '앉아', '기다려', '이리 와', '그만' 등의 명령을 가르쳐 개들이 더 이상 소파에 올라올 수 없게 했다. 개들이 소파에 올라

오면 자신의 서열이 샐리와 같다고 생각하게 되어 아무데나 대소변을 보기 때문이었다. 소파는 쿠션으로 막아 놓았다.

　샐리가 집에 있을 때는 개들에게 줄을 매어두고 샐리가 그 줄을 들고 있거나 고정된 가구에 매어놓아 개들의 행동을 제어할 수 있게 했다. 샐리가 나가야 할 때는 두 마리의 개를 각각 개집에 넣어놓거나 애견용 문을 달아놓은 방에 넣었다. 나는 치료효과가 있는 하프 음악을 들려주라고 권했고 개들만 집에 있을 때는 안정 유인 물질이 나오는 플러그를 꽂아 놓도록 했다.

　몇 달이 지나고 우리는 행동 치료약물 투약량을 줄일 수 있었다. 두 개들은 모두 차분해지고 말도 잘 들었고 싸우지도 않았다. 게다가 집 안 곳곳에 배설하던 행위도 멈추고 자신들의 화장실 욕구는 밖에서 해결하는 것을 배웠다.

좁은 장소에서 큰 개 키우기

나는 뉴욕에 있는 높은 아파트 10층에서 산다. 아파트 크기는 16평 정도다. 도시생활이 좋고 이사 갈 생각은 없지만 큰 개를 키우고 싶다. 토요일마다 애견 보육 센터에 자원봉사를 나가기 때문에 집에서 잘 키울 수 있다. 이런 작은 공간에서 큰 개를 키우면 개에게 좋지 않을까?

반드시 사랑스러운 큰 개를 키우길 바란다. 하지만 반드시 신중하게 선택해야 한다. 신체적인 크기와 활동성이 비례하는 것은 아니다. 그레이하운드나 그레이트데인은 크기는 크지만 소파에 늘어져 있길 좋아하는 게으름뱅이다. 반면 작은 개들이 깔개를 씹고 소파를 찢으며 끊임없이 무는 등 집안 장식을 모두 망가뜨리기도 한다.

개를 데려오는 절차를 밟기 전 당신이 사는 아파트 관리 규정에 있는 애완동물 규칙을 확인한다. 빈틈없는 관리규정은 개들의 무게가 아닌 성질에 초점을 맞춘다. 그들은 올바르게 행동하는 애견과 책임감 있는 주인을 원한다. 이것을 확인했다면 다음 단계로는 당신이 개를 운동시키는 데 얼마나 시간을 낼 수 있을지 따져본다. 개를 고를 때 이런 시간도 고려해야만 당신이 낼 수 있는 운동시간에 만족하는 개를 고를 수 있다. 당신이 하루 두 번, 15분 정도만 강아지를 운동시킬 수 있다면 그레이트데인같은 개를 고를 수 있다. 그레이트데인은 몸집은 크지만 매일 산책을 나가자고 요구하지 않아 적은 운동시간에도 만족한다.

개는 어디에서나 적응을 잘 한다. 게다가 도시에 사는 개는 많은 시각적 요소와 소리, 냄새 등에 노출되어 있다. 이렇게 다양한 데에 노출된 개는 사회성도 좋아 산책을 하다 동물이나 사람을 만나도 예의바르게 대처한다. 큰 도시에는 셀 수 없이 많은 애견용 오락시설이 있다. 애견 스파, 애견 빵집, 애견 보육 시설, 훈련 센터는 물론이고 애견에게 친절한 교통수단도 있다. 나는 뉴욕에서 치퍼와 함께 살았는데 치퍼는 택시를 기다릴 때 내 옆에 차분히 앉아 있어서 택시를 잡는 데 아무 문제가 없었다. 심지어 택시 운전기사가 치퍼가 두 발 달린 사람보다 예절 바르다고 말하기도 했다!

큰 도시는 개가 운동할 수 있는 장소도 많다. 주변에 공원이나 놀이방도 있을 것이다. 하루 종일 일을 해야 한다면 애견 보육 센터를 알아보거나 전문적으로 개를 산책시키는 사람을 고용해 낮에 개에게 놀이 시간을 줄 수 있다. 당신의 집이 작다고 개에게 예절을 가르치는 일을 소홀히 하면 안 된다. 엘리베이터를 같이 쓰는 건물의 경우 '차분히 앉아 있어'를 가르치면 유용하며 거리에서 신호등이

> **TIP**
>
> 오스트레일리안 셰퍼드는 양이나 소를 다루는 목양견으로 알려졌다. 하지만 이름에 나와 있는 것처럼 오스트레일리아에서 유래된 종이 아니라 19세기 중반 캘리포니아에서 나온 종이다.

바뀌기를 기다릴 때 사용하는 '기다려'는 꼭 훈련시켜야 한다. 당신의 개는 자신의 재주를 산책 중에 보여 줄 수 있어 기뻐할 것이다. 당신과 당신의 개가 뉴요커들을 애견 애호가들로 만들 수 도 있을 것이다. 마지막으로 산책을 할 때는 개의 대변을 담아와 집에서 처리하는 것을 잊지 않는다.

내 남자친구를 싫어하는 개

남자친구와 내가 쇼파에 있으면 러스티는 우리 사이에 앉으려고 하고 으르렁거린다. 남자친구는 개를 기른 경험이 없다. 러스티가 남자친구를 좋아하게 하려면 어떻게 해야 할까?

개는 인간처럼 질투하지 않지만 자신의 가족이라고 생각하는 사람을 보호하려는 경향이 있다. 자신의 지도자에게 접근하는 타인의 관심에는 경쟁심을 느끼기도 한다. 이 경우에는 그 지도자가 당신이다. 또한 개는 서열에 충실히 따른다. 러스티가 생각하기에 당신 집의 서열은 당신, 러스티 자신, 그리고 최근 추가된 당신의 남자친구일 것이다. 러스티는 당신을 지키려는 책임감을 갖고 있다. 러스티가 으르렁거리는 이유는 바로 이 때문이다. 아이들과 마찬가지로 러스티는 당신의 관심이 그에게 가는 것을 자신에게 돌리려 할 것이다. 당신이 러스티를 혼내더라도 관심을 받지 못하는 것보다는 부정적인 관심이라도 받는 것이 낫다고 생각한다.

러스티는 이제 계급 서열에 변화가 생겼다는 것을 알고 그 위치에서 안정감을 느껴야 한다. 이를 위해서는 남자친구가 당신과 협력하여 러스티를 훈련시켜 자신의 위치를 두 번째 서열에 놓아야 한다. 그가 방문했을 때 러스티를 앉게 해서 남자친구가 러스티를 먹이도록 한다. 셋이 나가거나 들어올 일이 있다면 러스티가 나가고 들어오기 전에 남자친구부터 나가고 들어오도록 한다. 소파에 앉을 때는 남자친구에게 러스티를 애견용 침대에다 데려다주게 한 뒤 정신을 집중할 수 있는 씹는 장난감을 두고 오도록 한다. 만약 당신이 러스티가 소파에 함께 있어도 좋다고 생각하면 러스티를 둘 사이가 아닌 한쪽 끝에 앉혀야 한다.

산책을 할 때는 남자친구에게 줄을 넘긴다. 그에게 러스티와 함께 산책하면서 조용하고 명확하게 지시를 내리라고 하고 러스티와 함께 많은 활동을 하도록 부탁한다. 러스티에게 상으로 줄 간식거리도 남자친구에게 준다. 시간이 지나면 남자친구와 러스티만 산책을 나가도록 하는데 러스티가 남자친구에게 의지할 수 있도록 전에 가 본 적이 없는 새로운 장소를 택하는 것이 좋다. 남자친구가 이 과정을 제대로 한다면 러스티와 함께 놀며 보내는 시간은 행복할 것이다. 남자친구는 러스티와 밖에서 공을 던지는 놀이를 할 수도 있고 집에서 숨바꼭질을 할 수도 있다.

잘 때는 러스티를 방에서 끌어내서는 안 된다. 그곳은 러스티가 강아지였을 때부터 보금자리였기 때문이다. 하지만 러스티에게 자신만의 침대를 마련해 줄 필요가 있다. 남자친구와 함께 당신의 침대보다 더 좋아 보이는 애견용 침대를 만들어도 좋고 러스티에게 애견용 침대나 개집을 고르게 할 수도 있다. 간식이나 씹는 장난감을 애견용 침대나 개집에 놓는다. 러스티에게 '엎드려'나 '기다려'를 시킨다. 말을 잘 들으면 간식으로 보상한다. 자꾸 당신의 침대로 들어오려 하면 간식을 러스티의 침대로 던진다. 자기의 침대에서 머무르거나 개집 안에서 머무르면 칭찬한다. 러스티가 자기의 침대나 개집을 편안한 자기만의 침실로 인식하게 하는 것이 중요하다. 러스티 마음에 드는 침대를 찾기 위해 여러 종류의 침대를 실험해 본다.

　러스티가 당신의 남자친구가 존경받을 만한 사람이라는 것을 깨달으려면 시간이 걸린다. 작은 성공이라도 매번 칭찬한다. 그러다보면 당신이 결혼서약을 할 때 러스티가 행복하게 반지를 들고 입장할 수 있을 것이다.

애견 보육 센터 고르는 방법

내가 집으로 돌아가면 머피는 놀 준비가 되어 있지만 나는 너무 피곤하다. 머피에게 관심도 제대로 못 주고 운동도 못 시켜 죄책감이 든다. 이런 일이 계속되자 최근 머피는 내 물건을 씹기 시작했고 밤에는 계속 놀아달라고 조른다. 어떻게 해야 할까?

　　죄책감은 사람의 감정이지 개의 감정이 아니다. 이 문제를 해결하기 위해 내가 제시하고픈 말은 '멋지고, 실용적이고, 현명하게, 사랑하는 방법'을 사용하라는 것이다. 이것은 하루 종일 힘든 업무에 시달리는 주인과 어리고 활달한 개의 관계에서 생기는 문제에 대한 해결책이다. 당신은 피곤에 찌들고 머피는 실망한 상태다.

　　한 가지 제안은 머피를 일주일에 몇 번이라도 애견 보육 센터에 보내는 것이다. 애견 보육 센터 중 많은 곳이 당신의 일과에 맞추어 질적으로 우수하게 머피를 보호해준다. 가격 때문에 망설이지 말아야 한다. 젊고 활기찬 개가 하루 종일 집에 있으면 외로움과 지겨움의 신호로 여러 가지 안 좋은 행동을 할 수 있다. 물건을 공격적으로 씹는다든지 끊임없이 짖어대기도 하며 여기저기에 배설을 하기도 한다. 이런 나쁜 행동을 고치고 문제를 해결하는 데에 드는 시간과 돈이 애견 보육 센터에 보내는 것보다 더 많이 든다. 애견 보육 센터에서 머피는 쌓여진 욕구를 분출하고 다른 개들과 어울리며 행복해 할 것이다. 지금은 머피가 하루 종일 당신을 기다리며 무척이나 놀고 싶어 하지만 애견 보육 센터에 보내면 당신이 퇴근할 때 머피는 피곤하면서도 즐거운 상태일 것이다. 그러면 당신은 머피와 집으로 돌아와 함께 쉬다가 잠자리에 들 수 있다. 당신과 머피 모두에게 좋은 일이다.

어떤 애견 보육 센터가 머피에게 가장 적합한지 결정할 때는 다른 애견 소유자에게 시설이 어떤지 물어본다. 선택할 수 있는 곳이 여러 곳이라면 가장 마음에 드는 곳 몇 개를 골라 방문 예약을 한다. 이때는 혼자 간다. 첫 번째 방문 때 머피를 데려가면 정신이 산만해질 뿐 아니라 객관적인 평가를 할 수 없다. 센터를 택했다면 애견 보육 센터에 간 첫날 머피의 반응을 잘 살핀다. 만약 그곳에서의 시간이 즐거웠다면 다음날 보육 센터에 갈 때 문 쪽으로 당신을 유도하며 흥분할 것이다. 즐겁지 않았다면 나가기 싫다며 저항하거나 줄을 반대 방향으로 잡아당길 것이다. 일이 끝나고 머피를 데리러 가면 즐거워 보여야 하며 떠나고 싶어 하거나 초조해 보이면 안 된다. 애견 보육 센터에 가서는 아래와 같은 점들을 확인한다.

- **센터 구석구석을 모두 확인한다.** 센터의 직원들은 고객이 될 지도 모르는 당신에게 개가 노는 곳, 오락실, 휴게실 등을 즐겁게 보여줄 것이다. 직원들이 보여주길 거절하는 곳도 포함해 센터의 전체를 확인한다.
- **시설의 크기에 유의한다.** 개들의 크기와 숫자를 보고 공간이 충분한지 너무 작은지 파악한다. 센터가 안전하고 울타리로 확실히 둘러싸인 외부 공간이 있는지도 살핀다.
- **한 직원이 몇 마리 개를 책임지는지 확인한다.** 운영이 잘 되는 시설은 한 명의 직원 당 네 명에서 여섯 명의 개를 맡는다. 개들이 감독되지 않은 채 있어서는 안 된다.
- **청결한지 확인한다.** 잠시 더러워질 수도 있지만 좋은 센터는 재빠르게 더러운 것을 처리한다. 센터 안은 상쾌한 냄새가 나고 깨끗해야 한다.
- **가입정책을 확인하라.** 책임감 있는 센터는 가입을 하는 개에게 최신 예방주사를 맞고 올 것을 요구한다. 벼룩이나 진드기에 대비해 소독하고 중성화할 것을 요구하는 곳도 있다. 공격적이지 않은 개를 요구하기도 한다.

60 남자친구를 부탁해

나는 작은 마을에 살고 있고 큰 개 세 마리를 키운다. 개들은 나이가 3살에서 6살 사이며 모두 수컷이다. 모두 사랑스럽지만 크기가 너무 커서 남자친구들이 모두 떠나버린다. 어떻게 해야 개들에게 겁먹지 않고 나에게 흥미도 잃지 않을 좋은 친구를 만날 수 있을까? 어떻게 해야 진지한 남자친구를 침대로 데려올 때 개들이 그것을 받아들일 수 있을까?

당신은 개를 좋아하지만 개처럼 행동하지 않는 남자를 찾고 있다. 당신이 당신의 세 마리 개를 좋아한다는 사실을 데이트에서 장점으로 이용한다. 설문조사 결과로는 개를 소유한 사람이 그렇지 않은 사람보다 이런 사실을 친절하고 호감 있게 받아들인다고 한다.

몇 가지 방법이 있다. 애완동물에 데이트 상대를 찾아주는 온라인 서비스를 이용해본다. 공원에서 개들과 놀면서 남자와 대화를 시작할 수도 있다. 보호 센터나 구조협회에서 주최하는 기금 마련 행사에 지원해도 좋다. 당신이 사는 곳 주변에서 '즐거운 시간'을 찾아본다. 하지만 개는 한 번에 한 마리씩 데려간다. 개들에 대한 당신의 사랑을 이해할 남자를 만나기 위해 가장 중요한 것은 솔직함이다. 남자들에게 당신이 세 마리의 커다란 개를 키우고 있다고 솔직하게 말한다. 애인을 찾을 때는 당신의 믿음과 확신을 희생시키지 않고 개들의 욕구도 잊지 말아야 한다. 그리고 개들과 자기 사이에서 선택하라는 남자는 피한다. '다른 것과 나' 사이에서 선택을 강요하는 남자는 당신의 시간과 에너지만 낭비할 뿐이다.

당신의 개들의 절대적인 크기를 고려했을 때 개들에게 침대를 사주고 그 곳에서 잠을 자도록 하는 것이 좋다. 애완동물은 주변 환경의 일부다. 소리, 온도, 습도, 빛 같은 요소처럼 말이다. 개들의 움직임 때문에 당신이 잠을 설칠 수도 있다. 마요 클리닉 불면증 센터에서 연구한 바에 따르면 애완동물과 침대를 같이 쓰는 주인들 중 1/3 가량이 불면증을 호소한다고 한다. 잠을 자다 여러 번 깨기 때문에 아침이 피곤하다. 처음에는 개들이 당신의 침대에 접근하지 못하도록 움직이지 않는 가구에 줄로 묶어둔다.

남자친구를 방으로 데려오기 위해서 남자친구와 개들을 밖에서 먼저 만나게 한다. 함께 시간을 보내고 남자친구에게 개들에게 간식을 주고 놀아주도록 부탁한다. 남자친구와 사이가 돈독해지고 개들이 그를 믿게 되면 그가 당신의 집으로 들어와도 문제가 없을 것이다.

TIP

세상은 빠르게 변하고 이제는 애완동물들이 주인에게 관심을 요구한다. 미국 가정의 62%가 애완동물을 키우고 있는데 이들 중 40만 명은 혼자 사는 사람이다. 애완동물을 키우는 사람을 위한 웹사이트에는 애완동물을 키우거나 적어도 애완동물을 좋아하는 사람을 찾아준다. 유명한 애완동물 용품을 제조하는 회사에서 내놓은 최근 조사에 따르면 이들이 헤어지는 가장 큰 이유는 자신의 개를 좋아하지 않거나 개가 그 사람을 좋아하지 않아서였다.

베개 싸움

프레셔스는 밤만 되면 베개에 집착하고 독차지한다. 처음에는 내 베게 끝 쪽에 자기 머리를 들이미는 것으로 시작하지만 한밤중이 되면 반이나 그 이상을 차지한다. 차갑고 축축한 코를 내 목에 대거나 깊이 잠들면 낑낑거리는 잠꼬대를 할 때도 있다. 프레셔스가 내 침대에서 자는 것이 좋긴 하지만 어떻게 해야 내 베개를 되찾을 수 있을까?

침대에서 개와 함께 자는 사람은 많다. 개를 키우는 사람들 중 1/3정도가 개들과 함께 잔다. 최근에 일어난 현상도 아니다. 몇 백 년 전 숄로이츠퀸뜰리(Xoloitzcuintli)라고 알려진 멕시코산이며 털이 많지 않은 개는 초기 아즈텍 사람들의 친구였으며 침대를 데워주는 일도 했다. 굉장히 추운 밤을 의미하는 'Three-dog night'라는 말은 알래스카의 에스키모 족에게서 나왔다. 이들은 온도에 따라 썰매에 개를 올려 몸을 따듯하게 했다고 한다. 그래서 추운 밤일수록 많은 개와 함께 썰매를 타 발을 따듯하게 만들었다.

프레셔스는 자신이 하고 싶은 대로 하는 것처럼 보인다. 그래서 당신의 선호와는 상관없이 자기가 원하는 곳에서 자기로 결정했을 것이다. 귀여워 보일지 모르지만 당신은 침대에서의 주도권을 다시 가져와야 한다. 즐겁고 편안한 잠을 자기 위해서이기도 하지만 누가 집에서 리더인지 프레셔스에게 상기시킬 필요가 있다. 그래도 아직 프레셔스가 잠자리에서 영역권을 확보하려 하지 않아서 다행이다. 자신이 집에서 최고라고 생각하는 어떤 개는 같이 자는 주인이 감히 자신을 흔들거나 깨우면 으르렁거리거나 때리기도 한다.

　프레셔스에게 침대에서 자는 것도 괜찮지만 프레셔스가 자는 곳을 정하는 권위를 가진 것은 당신이라는 점을 가르친다. 당신이 부를 때까지 프레셔스를 앉게 한다. 당신의 침대 아랫부분으로 데려가 베개나 담요를 준다. 프레셔스가 당신의 베게로 달려오면 다시 침대 밑으로 데려다 놓는다. 그 곳에 머무르면 칭찬한다. 프레셔스가 새로운 침실 규정을 배우는 데에는 며칠 밤이 걸릴 수도 있지만 결국 자신만을 위한 자리에 만족할 것이고 당신은 베개를 쟁탈하기 위한 싸움 없이 편하게 잘 것이다.

내꺼야, 내꺼야, 다 내꺼야!

우리 집 개는 보스턴 테리어(Boston terrier)인 포기다. 포기는 고양이들이 밥그릇 주위 10m 안에 접근하기만 해도 으르렁대고 달려든다. 심지어 밥그릇이 비어 있을 때도 그런다. 나와 남편이 밥그릇 주변으로 가면 차갑게 우리를 쳐다본다. 왜 이렇게까지 음식을 지키려 할까?

 포기는 집 계약 문서나 당신의 자동차 이름은 모르지만 소유권에 대한 개념은 알고 있다. 포기의 입장에서 밥그릇은 비어있건 아니건 가장 소중한 물건 중 하나다. 사람이나 고양이가 밥그릇에 관심이 없더라도 포기는 밥그릇을 지키겠다는 의지를 보인다. 자원을 보호하기 위한 행동은 개의 조상부터 있었다. 살아남기 위해 음식과 다른 자원을 보호했던 것이다. 다른 식구들에게 으르렁거리는 것은 음식에서 물러나라고 말하는 것이다. 길들여진 현대의 개 중에도 일부는 이런 영역권을 가장 좋아하는 장난감이나 침대까지 넓히기도 한다. 심지어는 창문 옆에 빛이 잘 드는 장소처럼 집의 특정한 장소를 소유하려는 개들도 있다.

포기는 9개월이지만 스스로는 어른이 되었다고 느낄 것이다. 다른 젊은 개들이 그렇듯 포기 역시 자신의 권위가 어디까지인지 시험해보는 중이다. 이런 행동을 교정해주지 않으면 포기의 행동은 위험해질 수 있다. 으르렁대는 것에서 그치지 않고 때리거나 물기까지 할 것이다. 포기가 밥그릇을 지킨다고 소리를 지르거나 물리적인 벌을 주지 않는다. 문제가 더 심해질 수 있다.

포기는 당신이 화가 났고 밥그릇을 위해 싸울 수도 있다고 생각해서 밥그릇을 지켜야겠다는 마음이 더 심해질 수 있다. 이 문제는 하룻밤에 나타난 것이 아니기에 하루 만에 고칠 수는 없다. 자원을 보호하기 위한 행동을 그만두게 하는 데에는 시간이 걸린다. 첫 번째 단계는 새로운 식사 습관을 세우는 것이다. 당신과 남편이 식사 시간에 주도권을 잡아야 한다. 포기에게 사람들이 밥그릇에 도착하면 긍정적인 경험이 생긴다는 것을 알려준다. 당신을 맛있는 음식가게 주인처럼 여기도록 해서 존경하게 만든다. 포기에게 아무 때나 음식을 주지 않는다. 식사시간이 아니면 밥그릇을 치워서 시야에서 보이지 않게 만든다. 훈련 기간 동안에는 밥그릇 두 개를 이용한다. 하나는 비우고 하나는 음식으로 채운다. 사람이 많이 다니지 않는 곳에 밥그릇을 놓고 포기를 부른다. 밥그릇의 위치를 옮기면 포기가 영역을 소유하고자 하는 욕구가 줄어들 것이다.

밥그릇들은 선반 위나 조리대처럼 닿지 않는 공간에 놓는다. 포기에게 '앉아서 기다려'를 시킨 뒤 '빈' 밥그릇을 내려놓는다. 엄

청나게 놀라는 표정을 볼 수 있다! 그런 뒤 음식의 일부를 밥그릇에 떨어뜨린다. 몸을 구부리지 않는다. 포기가 음식을 다 먹으면 또 일부를 떨어뜨린다. 경계심을 보이지 않는다면 손에 음식을 놓고 먹게 한다.

음식을 떨어뜨리는 것과 손에 놓고 먹이는 것을 번갈아가며 한다. 밥그릇으로 음식을 먹으려 할 때는 음식을 좀 더 부어준다. 가끔가다 치킨이나 스테이크 같이 평범한 사료보다 더 맛있는 '당첨 간식'을 떨어뜨린다. 몇 번 이렇게 하다보면 포기가 새로운 식사 방법을 받아들일 것이다.

포기가 괜찮아 보이면 다음 단계로 넘어간다. 밥그릇 일부를 채워 바닥에 놓는다. 포기를 불러 앉게 한 뒤 밥그릇에 접근해도 된다는 신호를 줄 때까지 기다리게 한다. 이 훈련은 먹이가 공짜가 아니라 말을 잘 들어야 준다는 것을 가르치는 것이다. 포기가 먹기 시작하면 두 번째 밥그릇에 특별한 음식을 넣고 몇 미터 정도 떨어뜨려 놓는다. 이 밥그릇으로 부르고 여기서 먹기 시작하면 다시 첫 번째 밥그릇으로 가서 더 맛있는 간식을 놓는다. 이렇게 음식의 가치를 차츰 올린다. 두 밥그릇을 옮겨가며 식사를 끝낸 뒤에는 밥그릇을 숨긴다.

몇 주가 지나면 포기를 먹이면서 두 밥그릇을 차츰 가까이 놓는다. 포기의 행동을 보면서 밥그릇을 가까이 놓는 속도를 결정한다. 포기는 편안해 보여야 한다. 이렇게 두 밥그릇을 사용하는 방법은 긍정적인 연상을 만들 수 있다. 그러나 위협하거나 신체적 벌을 주면 식사 시간을 싸우는 시간으로 생각하기 때문에 언제나 긍정적인 강화를 써야 한다. 밥그릇이라는 자원을 포기하면 더 좋은 것으로 보상을 받는다는 점을 배울 것이다. 시간이 지나면 포기의 밥그릇은 하나만으로 충분할 것이다. 먹어도 좋다는 당신의 신호가 떨어지기 전에는 포기를 앉아서 기다리게 한다.

나 역시 이 방법을 코기 종류였던 재즈에게 사용했다. 몇 주 안에 밥그릇을 보호하려는 행동이 사라졌다. 우리는 저녁 식사 시간을 재미있는 놀이, 예의 바른 시간으로 만들었다. 재즈는 즐겁게 뛰어와 '앉아' 자세를 취했고 내가 밥그릇을 놓는 것을 보고 '기다려'와 '나를 봐' 신호에 따랐다. 먹어도 좋다는 신호를 보내면 먹었다. 나는 재즈가 먹는 동안에 재즈를 쓰다듬고 칭찬했다. 이처럼 당신도 효과를 볼 수 있을 것이다.

포기의 행동을 혼자서 교정하지 못할 것 같으면 전문적인 동물행동 학자에게 찾아가 도움을 청할 것을 권한다. 이 행동은 당신, 가족, 손님, 고양이에게 위협이 될 수도 있는 심각한 행동이기 때문이다.

드라이브를 좋아하는 개

63

"자동차를 타자"는 말만 해도 내 래브라도 리트리버는 흥분해서 내 주위를 빙빙 돌며 춤을 춘다. 앞좌석에 앉아 머리를 창문 밖으로 내미는 것을 좋아한다. 조심스럽게 운전하기는 하지만 안전을 위해 달리 해야 할 일이 있을까?

당신의 개가 십대 청소년이었다면 자동차 키를 달라고 당신을 졸라대고 스포츠카를 타고 교차로에 서서 귀여운 푸들에게 휘파람을 불고 있을 것이다. 그렇지 않아서 얼마나 다행인가! 많은 개가 자동차 타는 것을 좋아한다. 주인과 함께 다니는 것을 사랑하기 때문이기도 하지만 더 큰 이유는 냄새로 된 세계에 살고 있기 때문이다. 개의 코는 이 냄새를 맡고 바로 저 냄새를 맡는 등 냄새 사이를 재빠르게 이동한다. 개가 머리를 창밖으로 내밀고 있을 때는 세계에 대한 정보를 수집하고 있는 것이다. 차를 타고 지나가면서 여러 가지를 보고 냄새 맡는다. 이것은 사회성을 키워주기도 한다.

내가 키우던 치퍼도 자동차 여행을 좋아했다. 나도 치퍼가 차

창 밖으로 고개를 내밀고 여행을 즐기게 해 주었지만 사실 이것은 안전하지 않다. 그저 동네 주변을 낮은 속도로 운전한다고 하더라도 날아다니는 파편들 때문에 개의 눈에 상처를 줄 위험이 있다. 개가 차 밖으로 뛰어나갈 수도 있으니 문은 조금만 열어두는 것이 좋다. 갑자기 차를 멈출 경우 차 안에서 개가 앞으로 튀어나올 수 있고, 이런 경우에는 개는 물론 당신도 다칠 수 있다.

앞좌석에 개를 앉혀 함께 여행하는 것이 즐겁지만 뒷좌석에 개를 앉히는 것이 훨씬 안전하다. 뒷좌석에서는 개들이 운전자의 주의를 방해하는 일도 없고 갑자기 에어백이 터져서 다치는 경우도 없다. 유아용, 어린이용 자동차 좌석이 있는 것처럼 개들도 움직이는 차 안에서 안전을 지켜줄 장치가 필요하다. 애견용품 가게에 가서 판매품 목록을 보면 차에서 개를 안전하게 보호해주는 용품을 많이 볼 수 있다. 당신의 차와 애견의 크기에 따라 개집을 사용할 수도 있고 개가 맘대로 돌아다니지 못하게 하는 애견용 좌석 벨트를 사용할 수도 있다. 좌석 개폐식 자동차의 경우 뒤에서 개가 넘어오지 못하도록 격자창을 달 수도 있다.

뒷좌석에 애견용 침대를 달아놓으면 개가 안전하게 차를 탈 수 있다. 침대는 뒷좌석을 덮으며 앞 뒤 좌석에 머리를 두는 부분에 고정되어 있다. 이런 침대는 큰 개가 몸을 마음대로 움직이지 못하게 하고 차 안에 있는 장식물을 더럽히거나 찢는 것을 막아준다. 작은 개라면 벨트를 부착해 사용하는 보조용 의자나 안전벨트로 고정시킬 수 있는 편안한 이동 가방을 이용할 수도 있다. 개를 고정시킨 뒤에 창밖으로 고개를 내밀게 해주고 싶다면 개를 위해 고안된 고글을 씌워주어 벌레나 파편들이 눈에 들어갈 수 없도록 한다.

안전을 위한 마지막 조언은 문을 열기 전에 꼭 개를 줄에 묶어 놓으라는 것이다. 그렇지 않는다면 개가 튀어나가 차에 부딪혀 다치거나 잃어버릴 위험이 있다.

당신이 개와 함께 자주 여행을 한다면 애견을 위한 여행 장비를 차에 넣어가지고 다니는 것이 좋다. 내가 꼭 가지고 다니는 용품은 다음과 같다. 물그릇, 병에 든 물, 여분의 목줄과 줄, 이름표, 대변 치우는 가방, 낡은 수건, 응급용품, 젖지 않은 와이퍼, 건강 기록증 사본, 애견용 침구류, 최소 하루 분량의 먹이.

여행 중에는 개를 잘 살펴서 멀미나 탈수증상, 또는 다른 건강 문제가 없는지 확인한다. 오래 차를 타야 할 때는 몇 시간마다 차를 세워 개가 몸을 펼 수 있게 하고 물을 준 뒤 쉬게 한다. 가끔씩 차를 세우고 주변을 몇 분 정도 돌아다니는 것이 좋다.

가장 중요한 것은 날씨에 주의를 기울이라는 것이다. 여름에는 열사병으로 고생하기 쉽고 심한 경우 죽을 수도 있다. 운전을 할 때 날씨가 무척 덥다면 에어컨을 켜놓고 바람이 뒷좌석까지 가는지 반드시 확인한다.

TIP

프레드는 개가 인간의 감정에 대한 특별한 감각을 지니고 있다고 믿었다. 그의 개였던 조피는 그가 환자를 치료할 때마다 환자의 기분을 알아내 스트레스를 받거나 긴장한 환자들에게 다가가지 않으려 했다. 프레드는 개를 쓰다듬는 것이 사람들을 진정시키고 편안하게 해 준다는 점도 발견했다

:개과천선_ 버어와 커비 이야기

빌과 베티는 잉글리쉬 세퍼드를 키웠다. 이 개들은 낯선 이에게도 친절하고 주인에게도 애정이 넘치며 사람들 앞에서도 멋진 행동을 보였다. 하지만 18개월이 된 수컷 커비가 5년 된 베어에게 도전하기 시작했다. 커비는 베어를 너무 못살게 굴어 결국 베어도 싸움에 동참했다. 장난감, 밥그릇을 두고 싸우기 시작하더니 공간을 점유하려고도 싸우고 주인과 함께 있는 시간을 놓고서도 싸웠다. 빌과 베티가 커비와 함께 뒷마당에서 놀고 있으면 베어가 뒤에 서서 크게 짖었다. 집에 들어갈 때도 개들은 서로 먼저 들어가려고 뛰어갔고 식사 시간에도 서로 좋은 위치를 차지하겠다며 떠밀었다. 이런 보기 싫은 다툼은 하루가 멀다 하고 일어났고 싸움을 말리려다 주인들이 다치기도 했다.

나는 커비가 가치 있는 자원들을 선점하기 위해서 베어에게 도전한다고 생각했다. 베어는 이것들을 넘겨줄 생각이 없기 때문에 싸움이 일어났다. 어린 개들은 주인이 기회를 자신에게 제공한다고 생각하면 자신 만만해진다. 주인이 개들에게 명확한 명령을 내리지 않았기 때문에 자신이 간섭해도 된다고 여겨 이런 행동을 하는 것이다. 이 경우에는 주인인 베티가 어린 개에게 더 많은 관심을 주어서 문제가 생겼다.

싸움을 멈추기 위해서 나는 빌과 베티에게 두 마리 개 모두에게 지휘권을 확실히 하라고 요구했다. 가족 구성원 중 빌과 베티가 가장 위에 있다는 것을 명확히 해야 했다. 이전까지 명확한 서열 계급 체계 없이 지냈더라도 이제 개들은 자신의 위치를 알 필요가 있었다. 인간의 경우로 바꿔서 생각한다면 두 개들이 행동을 할 때 항상 주인에게 "엄마 제가

해도 될까요?"라고 먼저 허락받는 분위기가 되어야 했다. 개들에게 음식과 장난감을 주기 전이나 산책을 시키기 전에 빌과 베티는 개들을 앉히고 엎드리게 하여 다른 명령이 떨어질 때까지 기다리게 했다. 개들에게 애정 표현을 하기 전에도 마찬가지였다. 이런 훈련을 할 때는 실수를 혼내지 않고 잘 한 행동에 상을 주는 방법으로 개들에게 더욱 만족스러운 행동을 시킬 수 있다.

커비가 싸움을 먼저 시작했기에 빌과 베티는 커비에게 베어가 커비보다 위에 있는 서열이라는 것을 알려줘야만 했다. 베어에게 먼저 밥을 주고 운동도 먼저 시켰으며 산책을 할 때도 커비 앞에 베어를 서게 했다. 문에 도착했을 때도 개들은 들어오라는 지시가 떨어질 때까지 가만히 앉아 있도록 했다.

교정 기간 중에는 두 개가 다시 싸우는 것을 막아야 했다. 그래서 장난감도 서로 다른 곳에 놓고 밥을 먹일 때도 따로 먹일 것을 권했다. 빌과 베티 모두 기본 복종 훈련 수업에 참여하여 집에서의 권위를 높였다. 두 개 모두 20분에서 30분 정도 유산소 운동을 시켜 차분함을 촉진하는 요소인 프로토닌 수준이 올라가도록 했다.

4개월 정도가 되자 1주일에 1번 정도로 싸움이 줄었다. 6개월 후에는 두 개 모두 자신의 위치를 알게 되어 싸움도 멈추었다. 커비는 자신의 낮은 지위에 만족했고 베어는 커비와의 싸움 없이 편히 쉴 수 있었다.

개와 함께 식당에서 밥 먹기

날씨가 좋으면 우리 동네에 있는 많은 카페들은 야외에서 먹을 수 있도록 테이블을 꺼내 놓는다. 그리고 줄을 매고 차분하게 행동하는 개와 같이 앉을 수 있도록 허락한다. 매디슨은 내 말을 잘 듣지만 가끔 다른 개들이 버릇없는 행동을 하고 통제가 안 되는 광경을 자주 본다. 이런 사람들을 피할 방법이 없을까?

당신의 질문을 읽으면서 화가 날 지경이다. 야외 식당은 개가 멋진 예절을 보여줄 수 있게 해주고 집에 혼자 남아있는 대신 당신과 함께할 수 있는 기회를 제공하는 곳이다. 하지만 불행하게도 이렇게 개를 허용해주는 식당이 점점 줄고 있다. 주인들이 개에게 기본적인 식사 예절을 가르치지 않았기 때문이다. 식당 주인은 짖거나 싸우는 개를 싫어한다. 테이블 사이를 뛰어다니는 개도 마찬가지다. 이런 개들은 식당 운영을 힘들게 한다.

내가 살던 곳에는 경치가 좋은 항구 근처에 개와 함께 식사할 수 있는 야외 식당이 세 군데 있었다. 치퍼는 모든 곳에서 다 환영받았는데 우리가 식탁에 앉으면 치퍼는 투명인간이 된 것처럼 조용하고 차분하게 행동했기 때문이다. 치퍼는 차분하게 앉거나 누워 있었다. 조르지도 않고 짖지도 않았다. 가끔 근처 테이블에서 식사를 하는 사람들은 우리가 떠날 때까지 바로 옆에 큰 개가 있었다는 사실조차 모를 정도였다.

당신이 식사를 할 때 주변 환경을 모두 통제할 수는 없겠지만 매디슨을 지도하여 함께 즐길 수 있는 기회를 높일 수는 있다. 즐거운 식사 경험을 위한 몇 가지 비법을 제시하겠다.

- **사람이 붐비지 않을 때 식사한다.** 오전 중이나 늦은 오후 시간에는 사람이 붐비지 않는다. 주말 보다는 주중이 더 조용하다.
- **4m에서 6m 정도 길이의 줄을 준비해 개를 의자 다리에 묶어 놓는다.** 이곳저곳을 돌아다니거나 다른 사람을 방해하지 못하게 하기 위해서다. 당신의 개가 활동적이라면 묶어 놓고 입마개를 씌우는 것이 좋다.
- **구석에 있는 식탁을 찾는다.** 개는 앞에 볼거리가 있는 것을 좋아한다. 뒤에 벽이 있다면 사람들이 개에게 몰래 다가오는 것을 방지할 수 있다.
- **식사 중에는 매디슨을 다른 개와 만나게 하지 않는다.** 다른 개와 만나게 하는 것은 식사가 끝나고 나서 넓은 장소에서 이루어져야 한다. 다른 개의 주인이 식탁으로 다가온다면 이런 당신의 생각을 전한다.

- 식당에 가기 전에는 힘을 많이 소비하도록 산책을 하거나 공을 주고받는 놀이 등을 한다. 이렇게 하면 대소변도 보고 힘을 뺄 수 있어서 당신이 식사를 할 때 매디슨이 조용히 있을 수 있다. 식당에 너무 오래 머무르지 않는다. 이것은 개를 불안하게 만들고 인내심을 시험하는 것이다.
- 식당에 들어가기 전에 밖에서 살펴본다. 안을 들여다보고 다른 개 어떻게 행동하고 주인들이 어떻게 반응하는지 살펴본다. 만약 줄을 심하게 잡아당기거나 자신의 개를 행인에게 짖게 놓아두고 다른 개를 괴롭히게 놔두는 주인이 있다면 가까이 가지 말아야 한다.
- 개를 위해서 정중하게 물그릇을 달라고 요청한다. 만약 개가 차가운 물을 좋아하면 얼음도 넣어달라고 한다.
- 관대하게 팁을 남긴다. 웨이터는 아마 당신을 기억하고 다음에 당신과 매디슨이 왔을 때 더욱 배려할 것이다.

멍멍이를 위한 패션

나는 옷 사는 것을 좋아하고 우리 집 귀여운 요크셔테리어인 미네트에게도 귀여운 옷을 입히고 싶다. 하지만 미네트가 옷 입는 것을 즐길지 모르겠다. 어떻게 해야 강아지용 옷을 입힐 때 미네트가 꺼려하지 않을까?

애견 용품 시장에서 강아지용 옷의 비중은 점점 더 커지고 있다. 요새는 생산자들이 모든 종류의 의상을 다 제작한다. 스카프, 부츠, 재킷, 목욕가운도 있고 심지어는 턱시도와 웨딩드레스도 있다. 요크셔테리어, 토이 푸들 등 작은 개를 키우는 주인들이 특히 개에게 옷 입히는 것을 좋아한다. 인형과 액세서리를 가지고 놀던 어린 시절이 부활한 것처럼 보이기도 한다.

이런 옷을 입는 것에 대해 미네트가 어떻게 느낄지 알아보기 위해 우선 성격을 살펴본다. 미네트는 새로운 사람들을 만나길 좋아하고 새로운 경험을 즐기는 성격인가? 아니면 부끄러움을 많이 타고 움츠러드는 성격인가? 만져주는 것을 즐거워하는가? 아니면 그저 주인이 제공하는 신체적인 관심을 참고 있는 것뿐인가? 자신감 있고 행복한 개가 새로운 것과 낯선 사물에 쉽게 겁먹는 개보다 옷 입는 것을 좋아하는 경향이 있다.

만약 미네트가 옷에 대해서 긍정적인 반응을 보일 것 같다면 한 벌의 옷을 산다. 미네트가 다른 옷을 원한다고 확신할 때까지 다른 옷을 사오지 않는다. 옷을 살 때는 사이즈가 맞는지 확인한다. 대부분의 의류 포장에는 당신의 개를 위해 사이즈를 결정하는 법이 나와 있으니 참고하면 된다. 옷에 붙은 라벨에는 개의 무게나 종류 기반으로 사이즈가 적혀 있다.

미네트에게 옷을 입히기 전 간식을 주어서 뭔가 재미있는 일이 일어날 거라는 것을 알린다. 미네트가 당신에게 집중하고 즐거워 보인다면 포장에서 옷을 꺼내 미네트에게 보여준다. 즐거운 목소리로 이야기하면서 미네트가 옷의 냄새를 맡도록 둔다. 미네트가 옷을 무서워하지 않는다는 것을 확신하면 다음 단계로 간다. 옷을 입혀볼 장소는 미네트가 편안하고 안전하게 느끼는 곳이 좋다.

미네트가 옷 냄새를 맡는 것을 멈추고 당신에게 집중하면 간식을 준다. 이제 패션리더가 될 시간이다. 미네트를 안심시키면서 부드럽고 천천히 옷을 입힌다. 미네트가 이런 과정을 편하게 느끼는지 확인한다. 무서워하면 멈추고 간식을 많이 준다.

옷을 입혔다면 주변을 걷게 해서 새로운 감각에 익숙해지도록 한다. 칭찬을 해주고 열성적인 목소리로 이야기해서 옷을 입는 것이 좋은 것이라는 것을 미네트에게 알려준다. 처음에는 미네트가 어색해하거나 혼란스러워 할 수 있다. 하지만 몇 분이 지나면 당신은 미네트가 옷에 대해서 어떻게 생각하는지 알 수 있을 것이다. 꼬리를 올리고 즐거워 보인다면 강아지용 옷을 입는 데에 문제가 없는 것이다. 자랑스럽게 뽐내면서 다닌다면, 축하한다. 최신 애견 패션계에서 선두를 달리는 개를 둔 것이다. 하지만 꼬리를 떨어뜨리고 고개를 숙이고 귀도 내려가 있다면 개는 즐겁지 않은 것이다.

옷을 물거나 발로 자꾸 옷을 만지며 벗으려고 한다면 미네트는 이렇게 인형처럼 입혀지는 것을 싫어한다는 뜻이다. 이런 경우에는 즐거운 목소리로 말을 걸면서 간식을 주며 태도를 고쳐보려고 노력한다. 만약 미네트가 계속 풀이 죽어 있거나 당신이 옷을 입히려 할 때마다 이런 식으로 행동한다면 미네트는 자신이 태어날 때부터 입고 있었던 털에 만족한다는 것이다.

간접흡연의 위험성

내 남편은 하루에 거의 한 갑 정도 담배를 피운다. 나는 간접흡연이 비흡연자에게 미치는 위험을 알고 있다. 개들인 벨라와 벨라지오도 위험할까? 남편이 담배를 끊거나 적어도 밖에서만 피우도록 하고 싶다. 남편을 설득할 수 있는 정보가 있을까?

담배연기는 집에서 키우는 애완동물들의 건강에 나쁜 영향을 미친다. 담배 연기는 4,000 종류 이상의 화학 물질을 포함하며 니코틴을 포함한 50종류 정도는 발암물질로 알려져 있다. 담배 연기에서 나오는 화학물질은 애완동물의 털에 붙어 있거나 코를 통해 몸으로 들어간다. 개나 고양이가 스스로의 털을 만지며 다듬을 때 이러한 화학물질을 섭취하고 호흡기 질환, 천식을 비롯한 질병의 위험이 높아진다. 터프스 대학의 수의학 과정에서 「미국 전염병 연구지 American Journal of Epidemiology」에 발표한 연구에 따르면 5년 이상의 간접흡연은 개나 고양이에게 림프종의 위험을 3배나 높게 만들었다. 두 명 이상의 흡연자와 함께 사는 애완동물에게는 이런 종류의 암의 위험이 4배나 높았다.

　요약하면 이렇다. 남편에게 담배를 끊도록 권유한다. 담배를 끊으면 두 마리의 개를 포함한 모든 가족의 건강이 나아질 수 있다는 점을 강조한다. 담배를 끊는 것은 매우 어렵지만 자신의 건강을 위해서는 담배를 끊지 않던 사람도 간접흡연이 사랑하는 개들에게 미치는 영향을 알려주면 태도가 바뀔 수 있다.

　내 친구는 20년간 하루에 한 갑씩 담배를 피웠는데 끊을 만한 동기를 찾지 못했다. 그런 그녀도 터프스 대학이 발표한 연구 결과를 보고는 그녀가 기르는 5마리의 고양이의 건강을 위해 담배를 끊었다. 그녀가 내게 한 말이 있다. "사람들은 담배를 피울지, 피운다면 언제 피울지를 결정할 수 있지만 네 발 달린 친구들은 그렇게 하지 못하지."

TIP

　당신이 바셋 하운드를 키우고 있다면 땅에서만 키워야 한다. 바셋 하운드는 몸무게의 3분의2를 통통하고 짧은 앞발에 싣고 있기 때문에 수영을 잘 하지 못한다. 그러니 래브라도처럼 수영을 하는 모습을 기대하지 않는 것이 좋다.

공존의 법칙　217

개를 위한 마사지

얼마 전 애견 박람회에 갔다. 그 곳 부스에서 개 마사지 치료사를 보았다. 개들은 모두 조용히 누워 있었고 편안해 보였다. 심지어 한 마리는 자고 있었다! 개에게 마사지가 좋은가? 나도 우리 강아지 돌리에게 집에서 마사지를 해 주는 것을 고려해야 할까?

목적을 가지고 주무르거나 원을 그리며 눌러주는 치료 마사지 동작은 뭉친 근육과 긴장을 풀어주며 혈액 순환을 좋게 하기 때문에 모든 종류의 동물에게 사용할 수 있다. 정기적으로 마사지를 해주면 개의 근육에도 좋을 뿐 아니라 성격에도 도움이 된다. 좋은 마사지는 몸에 있는 조직을 따뜻하게 하고 독성물질이나 불순물을 제거한다. 개를 만져주면 사회화를 높이고 개와의 우정을 돈독하게 할 수도 있다. 돌리가 활동적인 개라면 정기적인 마사지를 통해 차분하고 편안해질 것이다.

당신이 마사지를 배우면 개를 이전과 같은 방식으로 만지지 않을 것이다. 머리를 쓰다듬거나 등을 치지도 않을 것이다. 지역 동물

병원이나 동물 보호 센터에서 마사지 강좌를 하는지 찾아본다. 아마 당신이 지금까지 참여한 강좌들 중 가장 유익하고 즐거운 강좌가 될 것이다. 그리고 돌리에게만 마사지를 해 줄 수는 없다. 마사지 치료사에게 예약해서 당신 역시 마사지의 즐거움을 누려라! 콜로라도 주립 대학에 신경 생물학과 해부학 연합교수이며 미국 최고의 개와 말 마사지 치료 선생님인 퍼먼이 몇 가지 제시한 정보를 알려 주겠다.

- **적절한 시간을 택한다.** 산책 후나 돌리가 일어나서 잠이 덜 깨고 편안한 자세일 때 마사지를 하는 것이 좋다. 돌리는 마사지에 저항하지 않고 즐길 것이다.
- **조용한 장소를 택한다.** 주위를 산만하게 하는 요소가 없고 돌리를 유혹하는 것이 없는 장소에서 마사지를 한다면 돌리는 당신의 치유하는 손에만 집중하며 마사지 경험을 즐길 것이다.
- **마사지 오일을 사용하지 않는다.** 시작하기 전에 손을 깨끗이 씻는다.
- **손바닥과 손끝을 사용한다.** 손톱은 사용하지 않는다. 천천히 조심성 있게 움직인다. 손을 펴고 하는 것이 쉽다. 손바닥을 아래로 향한 뒤 돌리의 머리에서 꼬리까지 지그시 누르고 쓰다듬어 준다. 또 다른 마사지 방법은 '손가락으로 회전하기'다. 손가락 끝으로 개의 근육 위에 조그마한 원을 시계방

향으로 그린 뒤 반시계 방향으로 그린다.
- 돌리의 반응을 살핀다. 편안해하면 계속하고 자꾸 움직이거나 불안해하면 그만둔다.
- 마사지를 할 때 타박상이나 혹이 없는지 살핀다. 벼룩이나 진드기가 없는지도 유의해서 본다. 경직된 근육이 없는지도 살펴본다.

TIP

애완동물을 기르는 것이 혈압을 내려주며 콜레스테롤 수치를 낮춰 준다는 연구 결과가 있다. 또한 애완동물은 스트레스, 외로움, 우울증을 이겨낼 수 있게 해준다.

지겨운 산책 시간 즐겁게 만들기

개를 매일 산책시키는 것이 중요하다는 것은 알지만 너무 지겹다. 내가 키우는 코기인 티피 역시 지겨워하는 것 같다. 산책을 좀 더 즐겁고 재미있게 만들 수 있는 방법이 있을까?

개는 항상 이렇게 생각할 것이다. "냄새는 너무 많은데, 시간이 부족해." 티피의 경우 분명히 산책 코스에 익숙해졌을 테니 새로운 도전을 할 시간이다. 다양한 길을 걷고 산책 시간도 바꾼다. 단순히 길의 반대편으로 걷는 것만으로도 티피는 새로운 광경, 소리, 냄새를 맡을 수 있다며 좋아할 것이다. 티피를 좋아하는 친구가 있다면 함께 산책하는 것도 좋다. 새로운 상대가 들어오면 지루한 일상에 분위기를 살려주어 당신과 개 모두에게 좋기 때문이다. 일 때문에 주중에 시간을 조정하기 어렵다면 주말이 있다. 주말에 티피를 개를 데려오는 것이 허용된 곳으로 데려가서 등산을 할 수도 있다. 티피가 다른 개들과 노는 것을 즐긴다면 근처 공원으로 갈 수도 있다.

매일 매일 산책을 하면서 당신은 개와 복종 훈련을 할 수 있고 새로운 재주를 가르칠 수 있다. 즐겁고 창의적인 방법으로 산책의 지루함을 없애 줄 수 있는 놀이 네 가지를 소개한다. 놀이의 이름은 슬로우 모션 산책, 산토끼 걸음, 공원 놀이, 보도 가장자리 놀이다. 이 놀이들을 하다보면 지나가던 사람들이 웃을 수도 있으니 산책할 때 유머 감각을 챙겨가도록 하자. 별나게 행동하다보면 티피나 다른 사람들도 당신에게 전염될 것이다.

'슬로우 모션 산책'을 시작할 때는 티피의 줄을 느슨하게 잡은 채 옆에서 걷게 한다. 티피가 당신을 보도록 한 뒤 슬로우 모션으로 큰 걸음을 성큼 성큼 걸으며 늘어지는 목소리로 "천천히"를 길게 늘여 말한다. 티피가 당신의 느린 걸음을 따라하도록 하는 것이 목표다. 티피가 따라하면 "정말 잘 하는구나"라고 칭찬하고 간식을 준다. 이렇게 천천히 걷는 것을 10초에서 15초 정도 하고 보통 속도로 돌아간다.

이번에는 '산토끼 걸음'으로 속도를 빠르게 해보자. 힘차게 걸으며 티피에게 생기발랄한 목소리로 "빨리, 빨리, 빨리!"라고 말한다. 진짜로 빨리 걸어 티피가 뒤에서 끌려오도록 한다. 이런 동작을 10초에서 15초 정도 계속하고 멈춘다. 티피에게 간식을 준 뒤 보통 속도로 걷는다.

이렇게 속도를 조절하면서 놀이를 했다면 이제는 산책에 즐거움을 줄 '공원 놀이'를 소개한다. 개의 크기나 상태에 따라 개가 뛰어오를 만한 공원 의자나 단단한 낮은 지대를 고른다. 손으로 의자를 두드리며 낚아채는 동작을 하고 "뛰어올라!"라고 말하며 티피를 훈련시킨다. 처음에 티피가 이 이상한 요구에 어떻게 행동해야 할지 모르고 당황하면 끌어올려서 도와준다. 의자에 올라가면 몇 초 동안 앉게 한 후 뛰어내리게 한다. 칭찬하고 간식을 준 후 다시 산책하며 티피가 정복할 다른 의자들을 찾는다.

'보도 가장자리 놀이'는 길을 가면서 즐겁게 할 수 있다. 조용한 거리에 선다. 이때 자동차 사고에 유의하여 보도의 가장자리에 서는 것이 좋다. 티피를 보고 앉으라고 한 뒤 간식으로 티피를 앞쪽으로 유인한다. 이 때 티피가 앞발을 든 뒤 앞발이 땅에 닿고 뒷발은 여전히 보도에 있을 때 "멈춰!"라고 말하며 제어한다. 이 때 손을 펴 티피의 얼굴에 대서 길가로 못 나가게 한다. 칭찬하고 간식을 준다. 이것은 웃기게 보일지 모르지만 개 역시 유머 감각이 있으니 문제 될 것은 없다.

이 네 가지 놀이를 하면 산책을 좀 더 즐거워 질 것이다. 일상을 좀 더 다양하게 만들고 즐거운 놀이를 하다보면 당신과 티피는 매일 밖에 나가는 것을 즐기게 될 것이다. 산책을 하며 놀이를 할 때는 너무 과하게 하지 않도록 조심해야 한다. 개가 산책을 할 때 앞서 나가다가 옆에서 걷거나 뒤에 처진다면 개는 당신에게 쉬자고 부탁하는 것이다.

Chapter 6

변화와 이별에
대처하는 법

인생은 변화와 선택으로 가득하다.
이런 상황이 때로는 힘들 수도 있다.
이별과 죽음에 대처하는 방법을 알아본다.

낯선 곳으로의 이사

나와 아내, 코카 스파니엘인 3살짜리 엠마만 살기엔 집이 너무 커서 우리가 가장 좋아하는 휴가 장소였던 캘리포니아 팜 스프링으로 이사하기로 결정했다. 이사 때문에 박스가 여기 저기 있고 이삿짐센터 직원들이 현관으로 들어오면 엠마가 어떤 반응을 보일지 모르겠다. 어떻게 해야 이사를 할 때 엠마가 큰 동요를 보이지 않을까?

우선 새로운 출발을 축하한다. 팜 스프링은 애견에게 좋은 도시다. 개를 위한 넓은 공원이 도시 안에 있으며 예의바른 성품의 개도 많다. 산타 로사 산의 광경을 볼 수도 있다.

이사는 개와 사람 모두에게 큰 스트레스다. 물건은 모두 박스 속으로 들어가며 가구도 이리 저리 옮겨지고 처음 보는 사람들이 집 안으로 들어온다. 이런 일들은 개의 자신감과 안정감에 타격을 줄 수 있다. 하지만 개는 우편 주소가 있는 집보다 사람에게 유대감을 느낀다. 새로운 도시로 이사하면 엠마도 당신들과 함께 즐거운 인생을 보낼 것이다.

이사를 위해 짐을 싸는 기간에는 엠마의 일과를 가능하면 그대로 해주는 것이 좋다. 특히 산책은 꼭 한다. 산책을 하면 엠마뿐 아니라 당신도 긴장과 스트레스를 풀 수 있어 좋다. 엠마에게는 즐겁고 높은 음색으로 말을 해서 기운을 내게 한다. 이사 준비를 위해 집 안 곳곳에 상자들이 널려 있을 때 엠마가 불안해하지 않게 도와준다. 물건을 쌀 때는 엠마가 냄새를 맡고 탐구하도록 한다. 상자를 가리키며 "상자"라고 말하고 간식을 준다. 이런 식으로 상자와 간식을 연관시키면 엠마는 상자를 긍정적으로 생각할 것이다. 가끔 휴식을 취할 때는 기본 명령을 확인하면서 엠마의 행동을 강화시키고 간식을 주며 가장 좋아하는 재주를 부리게 한다.

이사하는 날에는 두 가지의 선택이 있을 수 있다. 엠마를 애견 보육 센터에 보내거나 시설이 있다면 동물 병원에 맡겨 놓는다. 아니면 방에 엠마를 들여보내고 방문을 닫는다. 엠마가 이미 애견 보육 센터를 좋아한다면 친구들과 함께 안전하게 즐길 수 있다. 센터에 있는 직원들이 감독해 줄 것이다.

집에 데려 올 때쯤이면 친구들과 함께 놀아 에너지를 소비한 엠마는 피곤할 것이고 텅 빈 집에 들어와서도 편안하게 쉴 것이다. 엠마가 집에서 떨어져 지낸 적이 별로 없더라도 전문적 관리를 받으며 외부에서 지내는 것이 엠마를 위해서 더 좋다. 그 동안 당신은 집에 돌아와 엠마에 대한 걱정 없이 짐을 풀 수 있다.

엠마를 집에 두려고 한다면 가구를 이미 들여 놓은 방을 택한다. 눈에 잘 띄는 색깔로 엠마가 방 안에 있다는 간판을 적어 문 앞에 붙인다. 이렇게 해야 짐을 나르는 사람들도 주의한다. 짐을 옮기는 동안에 엠마가 집을 뛰쳐나가 길을 잃거나 차에 치이는 것을 바라지는 않을 것이다. 엠마가 개집을 좋아하면 개집 안에 가장 좋아하는 장난감과 물을 넣어주고 방에 넣어 문을 닫는다.

개집이 없으면 익숙한 잠자리를 마련해주고 좋아하는 장난감과 씹는 장난감, 그리고 물을 준다. 소형 라디오를 틀어놓아 짐을 나르는 사람들의 소리가 들리지 않도록 한다. 목줄에 이름과 연락처가 적힌 카드를 달아둔다.

이사를 하고 나서는 10분 정도 거리를 시간마다 산책시킨다. 집을 떠나기 전에 줄을 매어준다. 이삿짐을 나르는 사람들을 보면 인사하게 한다. 행복하고 조용한 목소리로 말한다. 개들은 주인의 감정을 알아챌 수 있다.

새로운 집에 이사 가기 전 중개업자에게 부탁해 당신이 입던 티셔츠나 수건, 몇 가지 엠마의 용품을 미리 넣어달라고 한다. 우편으로 부쳐 이사 가는 집에 이런 용품을 미리 들여 놓으면 엠마가 새 집에 처음으로 들어갈 때 익숙한 물건을 보고 냄새를 맡을 수 있어 친근하게 느낄 것이다.

서로 맞지 않을 때

아이들이 개를 키우기 원해서 두 살 난 콜리인 버스터를 데려왔다. 그런데 우리 가족과 전혀 맞지 않는다! 버스터도 우리에게 애정이 없어 보이고 아이들도 원하지 않는다. 어떻게 해야 할까?

모든 노력이 다 소용없는 개가 있다. 많은 노력에도 불구하고 개와 가정이 서로 맞지 않는 경우다. 버스터는 당신 가족에게 유대감을 갖고 있지 않아 보인다. 가족의 숫자에 겁을 먹고 있을 수도 있다.

첫 번째로 제시할 해결책은 버스터의 분양자와 연락해본다. 양심적인 분양자는 가정과 알맞지 않은 버스터를 다시 데려가거나 적어도 새로운 집을 찾아주기 위해 도울 것이다. 분양자에게서 버스터를 사지 않았다면 콜리 구조협회에 연락한다. 국제 콜리 구조협회의 웹사이트에 들어가면 당신이 사는 지역의 사무국이 나올 것이다. 지역에 있는 콜리 분양자에게 구조협회와 연락이 닿는 법을 물어본다. 견종 구조협회는 대부분 개와 알맞은 가정을 찾아내 보내

주기 때문이다.

　버스터에 대한 정확한 정보가 많을수록 구조협회로 보내는 것이 성공적이다. 대표자와 이야기 할 때 가능하면 정확한 정보를 솔직하게 이야기한다. 버스터의 장점과 단점을 적고 훈련시키려 노력했던 이야기도 적는다. 이렇게 자세한 정보를 주면 동물 구조협회의 철창에 넣어지는 대신 알맞은 가정을 찾을 때까지 콜리에 대해 잘 알고 있는 임시 가정에서 키워질 수도 있다.

　구조협회에 바로 버스터를 팔지는 마라. 당신이 사는 지역 주위에 협회가 있다면 전화를 해서 개를 안락사 시키는지 물어보고 버스터가 입양될 기회가 있는지도 물어본다. 협회에 버스터를 넘겨주지 않더라도 직원은 좋은 정보를 당신에게 줄 것이다.

　다른 방법으로는 버스터를 위한 집을 당신의 힘으로 찾아주는 것이다. 이는 실현 가능성은 있지만 시간이 많이 들고 어렵다. 게다가 두 번째 입양되는 집에서 잘 지낸다는 보장도 없어 이리 저리 떠넘겨지다가 동물 구조협회에서 안락사 당할 수도 있다. 친구나 친척들에게 도움을 요청하면 버스터를 위한 좋은 집을 찾을 수도 잇다. 버스터와 잘 어울릴 수 있는 가족이 있을 것이다.

　'좋은 가정에게 무료로 드린다' 는 신문광고는 하지 않는다. 개를 기르는 것에 대해 심각하게 고려하지 않은 사람이 오거나 경제적으로 개를 키울 수 없는 사람이 올 수도 있다. 그런 사람들은 버스터를 방치해 두거나 개에게 임상 실험을 하는 곳으로 팔아버릴 수도 있다. 마지막으로 서두르지 않는다. 버스터는 물론 다루기 힘들지만 버스터를 지속적으로 키울 수 있는 안전한 환경으로 보내길 원한다면 서두르지 않아야 한다.

해마다 몇 백만 마리의 동물들이 보호 센터로 넘겨진다. 최근 조사에 따르면 사람들이 개를 보호 센터로 넘기는 상위 열 가지 이유는 다음과 같다

- 이사를 가서
- 집주인의 불만 때문에
- 개를 키우는 데 드는 비용 때문에
- 개를 위한 시간이 없어서
- 개를 키울 곳이 불충분해서
- 집에 너무 많은 애완동물이 있어서
- 개가 너무 아파서
- 개인적인 문제 때문에
- 개가 물어서
- 새끼들을 분양시키지 못해서

71

치매 현상

검은 색에 탄 무늬가 있는 테리어 잡종 제크는 15살이다. 예전엔 즐겨 다람쥐를 쫓더니 요새는 하루 종일 잠만 잔다. 산책할 때는 내 옆에 있는데도 갑자기 주위를 둘러보며 나를 잃어버린 것처럼 행동한다. 집에서는 가끔 벽이나 허공을 응시하기도 한다. 사람처럼 제크에게도 치매가 온 걸까?

제크가 그렇게 되어 유감이다. 나이든 개의 기억력 상실과 혼란스러움은 인지 기능 장애 증후군일 수도 있다. 방향을 잃고, 상호작용이 줄고, 잠을 이루지 못하고, 집 아무 데서나 대소변을 보는 현상이 그것이다. 목적지 없이 떠돌고 집에서 길을 잃고 허공을 응시하는 것을 보면 제크는 확실히 방향을 잃은 것이다. 행동을 자세히 관찰하면 다른 증상들이 나타날 수도 있다. 낮에 많이 자고 한밤중에 일어나 있거나 확실한 이유가 없는데 짖거나 하는 증상도 확실한 신호다. 집에서 대소변을 가리지 못하는 것은 건망증 때문일 수도 있지만 의학적인 문제일 수도 있다.

과거에는 이런 증상을 나이 때문이라고 생각했지만 입 주변에

회색 털이 나고 늙었다고 인지기능 장애가 오는 건 아니다. 제크를 데리고 검사를 받아보길 권유한다. 나이 먹은 개일수록 자주 검사를 받아야 한다. 많은 수의사들이 늙은 개을 위한 정밀검사를 권유한다. 이런 특정 검사는 나이가 7살 정도 되었을 때 해서 건강의 기본을 세우고 너무 늦어 손을 쓸 수 없기 전에 잠재적인 증상을 찾아낸다. 완전히 치료할 수 없을지 몰라도 적어도 퇴행 속도를 줄일 수는 있다.

특별 진단을 하는 수의사를 찾아가는 것도 좋다. 초음파 검사나 MRI를 촬영하여 제크의 행동 변화에 특별한 의학적 이유가 있는지 알아본다. 노화 때문에 신장이나 간에 문제가 생겼을 수도 있다. 그것이 아니라면 제크의 행동 변화가 인지기능 장애 증상인지 알아본다.

개가 나이 먹는 것을 멈출 수는 없지만 적절한 단계를 밟으면 제크가 젊어진 기분을 느끼게 할 수는 있다. 기억력 향상 치료제의 발달과 늙은 개를 위해 특별히 제조된 음식은 마지막 날들을 건강하고 행복하게 보내게 한다. 제크의 마지막 날들을 의미 있게 만들 몇 가지 방법을 제시한다.

- **계속 정신적인 자극을 준다.** 간식을 집 여러 곳에 숨겨놓고 숨바꼭질을 한다. 흥미로운 음식 퍼즐을 만들어 줄 수도 있는데 속이 빈 단단한 고무 장난감 안을 피넛 버터 등으로 채우면

된다.

- **모든 증상을 써 놓는다.** 수의사를 방문하기 전에 목격한 증상을 모두 써 놓는다. 개가 이름을 잊어버린 것 같다든지, 당신이 집에 돌아왔는데도 반가워하지 않는다든지, 당신이 애정표현을 하고 있는 도중에 도망간다든지 하는 증상들을 적어 놓는다. 식욕 변화, 배변 습관 변화, 신체 상태 변화 등도 모두 기록한다.

- **기본 명령을 강화한다.** 동시에 새로운 것을 추가할 수 있다. 나이가 든 개에게 새로운 재주를 가르치면 정신을 깨어있게 하고 신체기능을 향상시킨다. 산책을 나가기 전에 앉아있도록 시키거나 밥을 주기 전에 앞발을 들어 악수하는 행동을 가르칠 수 있다. 만약 개의 청력이 나빠지고 있다면 손동작을 이용하여 가르친다.

- **산책은 짧게 자주 한다.** 규칙적인 운동은 뇌로 산소를 전달해준다. 이것은 개의 정신적 능력을 돕는다. 나이 들어가는 근육 역시 부드럽게 유지시켜 준다. 관절에 무리가 가지 않게 부드러운 표면을 산책한다. 여러 길에서 산책을 해서 새로운 광경이나 소리, 그리고 냄새에 노출되도록 한다. 개의 감각을 자극할 것이다.

- **스트레칭을 하도록 도와준다.** 놀거나 산책하기 전 개에게 활 동작을 하게한다. 활 동작이란 머리를 숙이고 앞발을 앞으로

뻗으면서 뒷부분은 그대로 유지하는 것이다. 코 밑에 간식을 대고 낮추면서 동작을 유도한다. 이렇게 몸을 펴는 동작은 순환을 돕고 근육에도 좋다. 놀이나 산책이 끝난 후에는 앞발을 뻗게 하고 몸통을 부드럽게 마사지한다.

- **물을 많이 준다.** 개가 나이 들면 물을 적게 마시는 경향이 있어 탈수증을 유발할 수 있다. 집안에 물그릇을 몇 개 더 놓고 아침과 저녁에 물의 양을 측정해 충분한 물을 먹었는지 살핀다. 흘린 물은 깨끗하게 닦아 개가 미끄러져 다치는 일이 없도록 한다. 안타깝지만 개는 영원히 살 수 없다. 하지만 이런 방법들이 제크의 노년을 더 즐겁게 만들 것이다.

은퇴할 시간

나는 치료견인 너겟을 키운다. 우리는 일주일에 3번 정도 쉼터나 소아암병동을 방문한다. 너겟은 8년 동안 치료견 일을 해왔고 지금은 10살이다. 최근 너겟은 전과 달리 즐거워하지 않는 것 같다. 차를 타러 가는데도 시간을 끈다. 치료견 일을 끝내고 집으로 돌아오면 슬퍼 보이고 지쳐 있다. 왜 그런 걸까?

나는 치료견을 볼 때마다 미국 군대에 위문활동을 다닌 코미디언 밥 호프 같다는 생각을 한다. 밥 호프처럼 너겟 역시 집에서 멀리 떨어져 있고 외로운 환자들과 아이들에게 웃음과 행복을 가져다주기 때문이다. 이런 치료견에는 래브라도 리트리버가 제일 많지만 사람과 함께 있는 것을 즐기는 성미를 가진 개라면 종류에 상관없이 치료견이 될 수 있다. 치료견이 되려면 기본적인 복종 훈련을 체득해야 한다. 휠체어나 병원 침대 옆에서 끈기 있게 앉아 있어야 하고 소음이나 주위를 산만하게 하는 주변 환경도 두려움 없이 견딜 수 있어야 한다. 사람들이 귀나 꼬리를 잡아당겨도 대항하지 않고 참을 수 있어야 한다. 조심스럽게 발을 환자들의 무릎에 올려놓는

법이나 서로 소통하기 위해 환자의 손을 건드리는 법도 배운다.

이런 동물의 활동은 환자의 상태를 바꾸거나 생명을 구하기도 한다. 하지만 치료견의 욕구도 만족시켜 주는 것이 중요하다. 사랑의 사절단인 치료견들이 스트레스의 징후나 심신의 소모현상을 보이지 않는지 주인은 항상 살펴야 한다. 치료견은 그들이 방문하는 환자들의 고통이나 슬픔에 감정적으로 영향을 받아 지치고 스트레스를 받을 수 있다. 좋은 치료를 위해 업무 수행을 잘 하는 개 둘을 한 팀으로 만들기도 한다. 질문을 읽어보니 당신과 너겟은 함께 많은 일을 해온 것 같다. 하지만 당신이 여전히 환자를 방문하는 것이 좋더라도 너겟의 소망 또한 존중해야 한다. 너겟은 이제 은퇴를 위한 준비가 되었다는 신호를 보내고 있는 것이다.

집으로 돌아가 은퇴할 준비가 된 치료견들은 지시에 느리게 반응한다. 방문할 때 제대로 집중을 못하며 환자들과 일을 하는 것보다 물그릇에서 더 오랜 시간을 보낼 수도 있다. 가끔 병원에서 순회를 돌려고 하기보다 한 환자에게 머무르려 하는 것도 이런 신호다.

이런 사랑스러운 방식으로 너겟은 8년 동안의 봉사를 마치고 병원이 아닌 집에서 더 많은 시간을 보내고 싶다는 바람을 드러낸 것이다. 너겟의 의견을 존중해준다. 은퇴한 치료견이 훈련받는 임시 치료견 돕는 일을 즐겁게 하기도 한다. 너겟 역시 새로운 치료견을 도울 수도 있을 것이다.

행복한 노년

얼마 전 내가 키우는 개인 벤지를 자세히 살펴볼 기회가 있었다. 입 주변에 흰 털이 난 것을 보고 벤지도 나이 들었다는 것을 깨달았다. 활기찬 강아지였던 것이 엊그제 같은데 벌써 10살이 다 되었다. 요새는 소파나 침대에 뛰어 오르지 않고 행동이 느려져 아침 산책을 할 때도 준비하는 시간이 오래 걸린다. 나 역시 노년이라 수입이 고정되어 있다. 돈이 많이 들지 않으면서도 벤지를 편안하게 해줄 방법이 있을까?

미국의 노령화는 사람뿐만 아니라 개에게도 적용된다. 미국에 있는 개 3마리 중 1마리 꼴인 1천 8백 마리의 개들이 일곱 살 이상 나이 든 개들이다. 미국에서는 50살 이상이 되면 미국 퇴직자 협회 카드를 발급해주는데 개들도 노년 시기의 생일을 맞으면 그런 카드를 발급받아야 한다고 생각한 적도 있다.

강아지였을 때부터 소중한 친구였으니 벤지는 당신의 지극한 보살핌을 받을만하다. 돈이 좀 들더라도 동물 병원에 간다. 나이든 개가 집 안에 있는 가구에서 움직이려 하지 않거나, 차를 태울 때도 타게 하거나 내리게 하는 것이 어려운 데에는 두 가지 이유가 있다. 관절염과 골반 형성 장애가 그것이다. 동물 병원에서 진단받으며 급성 질병의 위험도 살핀다. 벤지의 노년 건강을 위해 수의사와 약속을 잡고 벤지가 잘 움직이지 않는 이유가 있는지 알아본다. 무게가 많이 나가고 클수록 나이가 들었을 때 이런 골반 질환의 위험이 커진다. 관절염이나 골반 형성 장애는 완치될 수 없지만 약, 몸무게 조절, 운동 등으로 고통을 줄이고 활동성을 높일 수 있다.

돈을 많이 들이지 않고도 벤지를 위할 수 있는 방법 몇 가지를 소개한다. 정기적으로 치료 마사지를 해준다. 하루에 오 분에서 십 분만 해주더라도 근육의 상태를 유지할 수 있고 관절에도 좋으며 벤지가 편안해 할 것이다. 벤지를 앉히거나 혹은 서게 하거나 배를 위로 한 채 눕혀도 좋다. 어깨나 옆구리에 한 손을 올려 벤지를 편안하게 하고 다른 손 손바닥으로 배와 등을 쓰다듬는다. 벤지가 아파하지 않으면 좀 더 힘을 준 채 쓰다듬어도 된다. 관절에 문제가 있는 개는 무릎부터 엉덩이, 등의 중간 부분까지 부드럽게 두드리면 내부 분비액을 제거해 몸이 붓는 것을 줄인다.

엉덩이 부분 혈액 순환을 일시적으로 증가시킬 수 있는 방법도 있다. 수건을 건조기에 10분에서 15분 정도 돌려 습기 찬 상태로 만든다. 이 수건을 벤지가 쉴 때 벤지의 엉덩이에 올려놓는다. 개의 나이에 상관없이 효과가 있다. 전기 열 팩은 사용하면 안 된다. 코드를 물어뜯을 수도 있고 온도가 너무 높아 화상을 입을 수도 있다.

튼튼한 박스나 플라스틱 상자 같은 것으로 소파나 침대 앞에 계단을 만들면 벤지가 쉽게 오르내릴 수 있다. 당신이 도구를 잘 다

론다면 돈을 들이지 않고도 낡은 카펫과 나무 조각을 이용해 경사로를 만들 수 있다.

벤지의 청력이나 시력이 나빠지는 것에 주의한다. 대소변을 자주 보게 하고 더 부드러운 음식으로 교환할 경우를 대비해서 개껌이나 치아용품에 붙어 있는 라벨을 버리지 않는다. 이런 애정 가득한 보살핌과 함께라면 벤지는 자신의 마지막 날들을 편안하게 보낼 것이다.

: 개과천선_ 케이시와 타샤 이야기

　내가 처음 론다를 만난 것은 론다가 어린 골든 리트리버 케이시를 데리고 내 강좌를 들으려 왔을 때였다. 케이시는 밥그릇과 음식을 맴돌며 공격적인 성향을 보여 훈련이 쉽지 않았다. 공격적 행동이 갑상선 기능 부전증 때문이라는 사실을 알고 치료한 후에는 긍정적 강화방법을 사용해 사랑스러운 개로 다시 태어났다. 4년 후 론다는 두 번째 강아지를 키우게 되었다. 강아지는 생기발랄한 골든 리트리버 타샤였다. 케이시와 타샤는 각각 강아지 강좌와 숙련자용 훈련 강좌에 참여했다.

　그러다가 론다의 나이 드신 부모님인 프랭크와 도티가 론다와 함께 살게 되었다. 도티는 파킨슨병을 앓고 있어서 보행 보조기를 사용했다. 론다는 자신의 큰 개들이 우연히 부모님을 넘어지게 해서 그들이 다칠까봐 매우 걱정했다.

　나는 케이시와 타샤를 훈련시켜 도티의 물리치료에 도움이 되도록 하자고 제안했다. 케이시는 도티의 무릎에 머리를 눕히는 법을 배웠는데 도티가 케이시를 쓰다듬으면서 손을 운동할 수 있었다. 또한 도티는 털을 빗겨주기도 하고 공을 주고받는 놀이도 했다.

　나는 론다와 함께 개들에게 언어명령과 신호명령을 모두 가르쳤다. 파킨슨병을 앓는 사람은 가끔 말하기가 힘이 들기 때문이다. 케이시와 타샤는 일어나라는 신호를 줄 때까지 앉아서 기다리는 것도 배웠다. 프랭크와 도티가 개들 때문에 넘어지는 일 없이 집안을 걸어 다녔다.

　케이시와 타샤를 훈련하면서 도티는 삶의 목적을 가지게 되었다. 개들이 그녀의 친구가

되었기 때문이다. 도티는 자신의 병이 시간이 지날수록 나빠질 것이고 치료가 가능하지 않다는 것을 알았지만 계속 움직이는 것이 도티의 삶의 질을 향상시켜 주었다. 도티의 상태는 악화되어 결국 요양원으로 가야 했지만 돌아가실 때까지 먹거나 화장실 가는 일은 스스로 했다.

프랭크는 도티의 죽음 이후 우울해 했다. 우리는 프랭크가 타샤를 데리고 나의 훈련 강좌에 참여하도록 설득했다. 처음에 그는 그 생각을 탐탁치 않아 했으나 타샤를 위해 노력하겠다고 말했다. 몇 주 뒤 프랭크는 타샤와 함께 강좌에 참여하는 것을 기다리기 시작했다. 집에서도 매일 타샤와 함께 과제를 했고 배운 것들을 케이시에게도 가르쳤다. 프랭크와 타샤는 5단계의 훈련 강좌를 수료했다. 프랭크는 86세의 나이로 돌아가셨다.

나는 강좌에서 이 이야기를 즐겨 한다. 케이시와 타샤가 프랭크와 도티의 노년을 행복하게 해주었기 때문이다.

슬픔을 표현하는 방법

보스코, 부바, 클라이드는 사이가 좋다. 부바가 최근 심각하게 아파 우리는 보스코와 클라이드 앞에서 그를 안락사 시켰다. 그 이후 두 마리 모두 항상 슬퍼 보인다. 잘 먹지도 않고 음식을 달라고 조르지도 않는다. 슬픔을 표현하는 걸까?

모든 애완동물들이 다른 동물의 죽음에 슬픔을 표현하지는 않는다. 하지만 보스코, 부바, 클라이드는 서로 돈독한 우정을 쌓아왔기에 분명 남은 두 마리는 친구의 죽음에 상실감을 느낄 것이다. 이것은 식욕을 잃었다는 점에서 확실히 드러난다. 동물이 우울을 드러내는 방법에는 여러 가지가 있다. 바닥에 앉아 바닥을 쓸기도 하고 잠을 더 자기도 하며 당신이 함께 있어도 즐겁지 않아 한다. 갑자기 독립적이 되거나 집착하고 의존적이 되기도 한다. 부바의 마지막 순간에 보스코와 클라이드에게도 마지막 인사를 할 기회를 주었다니 멋진 일이다.

수의사들과 동물 행동 연구가들에 의하면 동물은 죽음을 탄생처럼 자연스러운 과정으로 인식한다고 한다. 가능하다면 죽은 애완동물의 냄새를 맡고 관찰하게 두는 것이 좋다고 한다. 물론 죽은 몸을 확인하는 것이 감정적인 슬픔을 극복하게 한다는 과학적 증거는 없지만 적어도 남은 동물들에게 무슨 일이 일어났는지 알게 하고 슬퍼하는 것을 멈추도록 만들 수 있다.

애완동물이 집에서 죽었을 때 남아있는 동물들은 친구가 시야에서 보이지 않고 그 친구의 체취가 집안에 남아있기 때문에 부질없이 친구를 계속 찾게 된다. 동물 학대 방지협회에서 조사한 바에 따르면 여러 개가 함께 살다가 한 개가 죽은 경우 나머지 개들의 36%가 정상적인 생활을 하지 못한다고 한다. 11% 정도가 잘 먹지 않고 63%는 이전보다 심하게 짖는다고 한다. 반 이상인 66%는 같이 살던 애완동물의 죽음 후 4가지 이상의 행동 변화를 보인다고 발표했다.

보스코와 클라이드가 부바를 잃은 슬픔을 이겨내게 만들기 위한 몇 가지 방법이 있다. 새로운 장난감을 소개하고 가장 좋아하는 놀이를 하도록 유인하거나 정말 좋아하는 간식을 준다. 자주 껴안고 애정을 쏟는 데에 많은 시간을 보낸다. 슬픔을 표시하는 행동을 계속 보이면 수의사와 상담해 우울과 불안을 이기는 의약 처방을 받을 수 있다. 새로운 동물이 슬픔을 이기게 도와줄 거라는 생각에 개나 고양이를 들이려고 서두르지 말아야 한다. '역경을 딛는' 기간 동안 적절하지 못한 새로운 애완동물을 들여오면 슬픔을 극복하는 못할 수도 있다. 너무 빨리 새로운 동물을 데려오는 것은 남아있는 동물들에게 슬픔과 혼란을 가중시킬 수 있기 때문이다. 인간이 그런 것처럼 보스코와 클라이드에게도 부바의 상실을 극복할 시간이 필요하다.

지상에서의 마지막 인사

75

나는 개를 사랑하지만 우리만큼 오래 살지 못하는 것이 정말 싫다. 현재 키우는 치와와 스파키는 얼마 전 앞발에 암이 퍼졌다는 진단을 받았다. 고통스럽지만 안락사를 결정할 때가 올 것이다. 작별 인사를 할 시간이라는 것을 어떻게 알 수 있을까?

충성스러웠던 애완견에게 작별 인사를 하는 일은 일생에서 가장 어려운 결정 중 하나다. 당신의 개가 죽을 병에 걸렸거나 치명적인 상처를 입었을 때, 혹은 치료비용이 당신의 경제적 능력을 벗어날 때 안락사는 가능한 선택 중 하나일 것이다. 개를 위한 의약품은 무척이나 발달해 암을 치료하거나 다른 심각한 질병을 치료하는 약도 나오고 있다. 개를 위한 암센터가 수의대학에 있으며 개인 암 연구 센터도 전국에 있다. 하지만 여러 방법을 고려할 시간이 없어지기 전에 의사를 방문해 상담하는 것이 좋다. 당신의 애완동물을 잃을 경우에 대비해 많이 준비할수록 후회가 적을 것이다.

스파키가 더 심각해지기 전에 수의사와 약속을 잡는다. 안락사 과정의 절차와 방법에 대해 자세히 설명을 듣는다. 안락사 과정이 얼마나 평화롭고 고통이 없는 것인지 알면 놀랄 것이다. 안락사를 준비하는 과정에서는 언제 어디서 실행할지를 결정해야 한다. 집에서 하기를 원한다면 수의사를 집으로 불러서 할 수도 있다. 개를 묻을지 화장시킬지도 정한다. 당신의 기분을 잘 고려해서 안락사 과정 이후에 혼자 있을지, 특별한 친구와 함께 있을지도 미리 정한다.

이별하기에 올바른 시간이 언제인지는 개인에 따라 다르지만 개의 삶의 질을 따져본다면 결정을 내릴 수 있을 것이다. 스파키가 보내는 신호를 자세히 살펴보면 올바른 시간을 알 수 있다. 먹는 것을 멈추고 혼자 화장실을 가지 못한 채 하루 종일 잠만 잔다면 때가 된 것이다. 개가 약으로 치유될 수 없는 심한 고통을 느끼고 있는지도 고려한다.

안락사는 동물 친구에게 신체적 고통을 끝내고 편안한 죽음에 이르게 하는 방법이며 우리가 애완동물에게 줄 수 있는 마지막 선물이다.

TIP
치와와는 19세기 중반 멕시코에 있는 치와와 지방에서 처음 나타났다. 다리는 짧지만 오래 살아서 평균 수명이 18세에서 20세에 이른다.

이별 그 후

최근 할머니께서 돌아가시면서 내게 4살짜리 파피용 슈가를 남겨주셨다. 슈가는 할머니의 멋진 친구였고 할머니는 슈가를 맹목적으로 사랑하셨다. 나는 슈가를 사랑하지만 슈가는 할머니를 무척 그리워한다. 어떻게 해야 슈가가 이제 새로운 집에서 사랑받으며 살아야 한다는 사실을 이해할 수 있을까?

할머니께서는 당신이 죽고 난 뒤 슈가가 좋은 집에 살게 되리라는 것을 확신하셨을 것이다. 당신은 할머니가 슈가에게 했던 것처럼 똑같이 해줄 수는 없겠지만 당신만의 방식으로 슈가를 사랑해 줄 수 있다.

애완동물은 사랑하는 사람이 떠났을 때 느끼는 감정을 말로 표현하지는 못한다. 하지만 자신만의 방식으로 애도를 표현한다. 슈가가 새로운 삶에 적응하면서 불안이나 스트레스를 받지는 않는지 항상 살펴야 한다. 슈가는 당신이 없을 때 집에 소변을 볼 수도 있다. 많이 먹지 않거나 심하게 발을 핥고 당신이 집에 왔을 때 지나치게 열성적으로 달려들 수도 있다. 이런 행동은 며칠이나 몇 주 동안 지속되기도 한다. 이럴 경우 특히 식욕 부진은 개의 건강에 영향을 미칠 수 있기 때문에 수의사와 상담한다.

 슈가가 당신 집에 적응하게 하려면 밤에 침실에서 재우는 것이 좋다. 개들은 동굴에서 살던 동물이기 때문에 방에서 같이 자는 것은 안정감과 평안함을 줄 것이다. 매일 산책하며 공 던지고 받기 등의 놀이를 해서 건강을 관리한다. 집을 비워야 할 때는 텔레비전이나 라디오를 낮게 틀어놓아 친절한 사람의 목소리가 계속 들리게 한다. 개를 좋아하는 손님을 초대해 슈가를 귀여워하고 기분을 좋아지게 한다.

 당신은 할머니를 대신할 수 없겠지만 슈가와 새로운 우정을 만들 수 있다. 사랑스럽고 안정적인 집을 만들어 슈가가 할머니의 기억을 이어받을 수 있게 한다.

TIP

파피용은 프랑스 말로 "나비"라는 뜻이다. 큰 귀가 나비 날개처럼 생겨서 이런 이름이 붙여졌다.

이별에 대한 예의

젤리는 세 가지 색을 가진 오스트레일리안 셰퍼드다. 10살인 내 딸 켈리는 젤리 없는 삶은 상상도 못한다. 젤리는 켈리가 아기 때부터 다정하게 곁에 있어주었다. 암에 걸린 젤리가 더 이상 고통스럽지 않게 안락사 시키고 싶지만 켈리가 걱정이다. 어떻게 이 상황을 극복할 수 있을까?

지난 이십 년 동안 가족의 정의에는 점차 애완동물이 포함되고 있다. 많은 부부가 아이를 낳거나 입양하기 전에 개나 고양이를 먼저 키운다. 사랑하는 애완동물과 함께 자라난 아이들은 사라지지 않는 멋진 기억을 가진다. 나 역시 내가 첫 번째로 기른 강아지 니키를 즐겁게 기억한다. 니키가 죽었을 때 나는 여섯 살 밖에 안 되었는데도 기억한다.

애완동물을 위해 슬퍼하는 것은 애도와는 다르다. 충성스런 개나 사랑스러운 고양이를 기릴만한 사회적인 의식이나 전통적인 기념식도 없다. 하지만 애완동물의 존재는 우리에게 컸기 때문에 그 상실감은 뼈아프다. 당신의 가족은 슬픔을 드러내고 젤리와의 특별

했던 교류를 받아들일 수 있다. 슬퍼해야만 완벽하게 치유된다. 갑자기 울음이 터져 나오거나 우울을 느끼고 감정의 기복이 심해지는 것은 자연스러운 일이다.

켈리가 슬픔을 극복하게 할 수 있는 몇 가지 방법을 소개한다. 집에서 장례식이나 추도식을 한다. 개의 기억을 기리는 가장 좋은 방법은 그들과 함께 한 인생에서 당신이 얼마나 나은 사람이 되었는지 배우는 것이다. 젤리가 당신을 성장시키고 자라게 한 일들을 생각하며 추도식을 한다.

켈리와 함께 즐거운 추억을 떠올리는 시간을 보낸다. 켈리가 젤리를 위한 시나 편지를 쓰게 할 수도 있다. 글쓰기는 슬픔을 극복하게 한다. 개가 죽기 전에 몇 가지 도구를 구입해 발자국을 찍어 추억으로 가질 수도 있다. 켈리가 가장 좋아하는 젤리의 사진으로 액자를 만들 수도 있다.

젤리의 죽음을 공감하는 친구나 가족과 켈리가 함께 하도록 격려한다. 수의대학에서 제공하는 상담전화를 이용할 것을 권한다. 수의클리닉이나 교회를 통해 애완동물을 잃었을 때 도움을 받을 수 있는 곳을 찾아본다. 당신과 켈리는 젤리가 더 이상 고통을 겪지 않아도 된다는 것을 떠올릴 수 있을 것이다.

부모가 슬픔을 보이지 않으면 아이들은 슬퍼하는 것은 나쁜 것이라고 생각한다. 대부분의 심리학자나 치료사들은 개가 그리워 슬퍼졌다는 사실을 아이들에게 솔직하게 말하는 것이 좋다고 한다.

또한 아이들에게 사랑한다고 말해주고 죽은 애완동물에 대해서도 진솔하게 말하는 것이 중요하다.

스위스의 정신과 의사인 엘리자베스 퀴블로 로스에 따르면 대부분의 사람은 슬픔의 다섯 단계를 지난다고 한다. 이 단계는 가족이나 친구를 잃었을 때뿐만 아니라 사랑하는 애완동물을 잃었을 때도 적용된다. 퀴블로 로스가 말하는 다섯 단계는 다음과 같다.

- 1단계(부정·충격) – "내 개는 죽기엔 너무 어려."
- 2단계(분노) – "어떻게 사랑스러운 개를 내게서 빼앗아 갈 수 있지?"
- 3단계(타협) – "하나님, 만약 애완동물을 다시 내게 돌려주신다면 교회에 자주 나갈게요."
- 4단계(우울) – "먹고 즐기는 것이 다 무슨 소용이야?"
- 5단계(수용) – "무척 그립지만, 이제 내 개는 더 이상 고통을 겪지 않아도 되겠지."

아이들이 이런 단계를 지나 슬픔을 극복할 때까지 며칠, 몇 주, 몇 달이 걸릴 수 있다. 모두 이런 단계를 겪거나 이 단계들이 순차적으로 찾아오는 것이 아니란 것도 명심한다. 슬퍼할 때는 솔직하고 완곡어법을 쓰지 않는다. '잠이 들었다'고 죽음을 표현하지 말고 '죽었다'라는 말을 직접적으로 사용한다. 특히 아이가 12살 미만일 경우엔 더욱 그래야 한다. 그렇지 않으면 아이가 나중에 수술을 받을 경우가 생겼을 때 의사가 수술 중에 잠이 들 거라고 말하면 아이가 심하게 두려워할 수 있다. 하나님이 개를 사랑하셔서 천국으로 데려갔다는 말도 피해야 한다. 아이는 왜 하나님은 자신을 사랑하지 않고 천국으로 안 데려가는지 궁금해 하거나 자기를 사랑해서 데려갈 수도 있다고 생각해 공포에 질릴 수도 있기 때문이다.

아이들의 나이와 성숙한 정도에 따라 치료사들은 애완동물이 죽었을 때 부모들이 해야 할 일을 제시한다.

- 2살 미만 아이와 유아 – 가족의 감정변화와 스트레스에 따라 개의 죽음을 느낄 수 있다. 하지만 직접적인 영향은 받지 않는 경우가 많다.
- 2살에서 5살 사이 어린 아이 – 함께 놀던 애완견을 그리워하며 슬퍼할 수 있다. 아이들은 죽음이 영원한 것이라는 것을 알기 힘들며 가족들의 우울한 분위기에 반응하여 손가락을 빨거나 화를 내는 등 문제 행동을 할 수 있다.
- 5살에서 9살 사이 아이 – 죽음이 영원하다는 것을 인식하지만 되돌릴 수 있다는 환상을 가지고 있을 수 있다. 개에게 밥을 주거나 돌보는 일이 싫어서 은밀하게 개가 죽었으면 좋겠다고 생각했던 아이가 있다면 죄책감에 괴로워할 것이다. 개의 죽음은 사고였으며 너 때문이 아니라는 것을 알려주어야

한다.
- **10살 이상 아이** – 살아 있는 것들은 결국 죽는다는 것을 이해한다. 이런 사실을 받아들이기 힘들어하는 아이들도 있다. 이런 아이들이 애완동물을 잃으면 분노나 죄책감을 표출하거나 죽음에 대해 호기심을 나타내기도 한다.

우리집 강아지 심리백과

펴낸날	초판 1쇄 2008년 4월 30일
	초판 6쇄 2017년 3월 23일

지은이	아덴 무어
펴낸이	심만수
펴낸곳	(주)살림출판사
출판등록	1989년 11월 1일 제9-210호

주소	경기도 파주시 광인사길 30		
전화	031-955-1350	팩스	031-624-1356
홈페이지	http://www.sallimbooks.com		
이메일	book@sallimbooks.com		

ISBN 978-89-522-0891-0 13490

※ 저자와의 협의에 의해 인지를 생략합니다.
※ 잘못 만들어진 책은 구입하신 서점에서 바꾸어 드립니다.